AF463082

RE
06

MANUEL OU GUIDE

CONTRE

LES INCENDIES,

CONTENANT

DE NOUVEAUX ET EFFICACES MOYENS POUR L'EXTINCTION PRESQUE INSTANTANÉE DE TOUTES ESPÈCES DE FEUX, AVEC LA MANIÈRE D'EN FAIRE USAGE.

PAR

A. BROCARD, du Doubs.

PARIS.

CHEZ L'AUTEUR,

RUE SAINT-ANDRÉ DES-ARTS, 30.

1851

MANUEL ET GUIDE

CONTRE

LES INCENDIES,

OU

NOUVEAUX ET AVANTAGEUX SYSTÈMES POUR L'EXTINCTION DU FEU, AVEC LA MANIÈRE D'EN FAIRE USAGE.

PAR **A. BROCARD, du Doubs.**

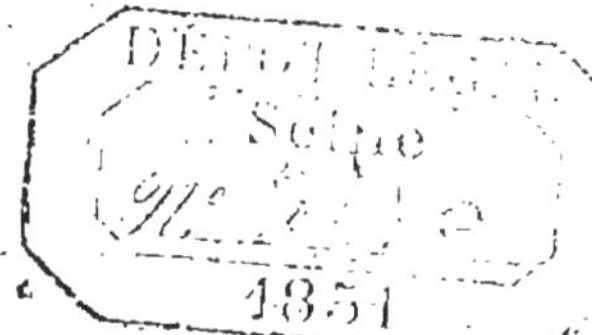

PARIS.
CHEZ L'AUTEUR,
RUE SAINT-ANDRÉ-DES-ARTS, 30.
1851

Les formalités voulues par la loi, pour prévenir l'imitation et la contrefaçon ayant été remplies, toute personne qui vendra un exemplaire non revêtu de ma signature sera poursuivie par toutes les voies de droit, et toute personne qui me signalera ce délit, sera généreusement récompensée.

L'insuffisance des secours connus contre les incendies est notoire ; mais tout propriétaire qui aura étudié ce livre, pourra seul avec les siens, se garantir du feu de ses voisins, même dans les plus grands embrâsements.

Paris.—Impr. de Moquet, rue de la Harpe, 90

AVANT-PROPOS.

Après bien des années de recherches, de méditations et d'expériences laborieuses, sur les moyens les plus utiles, les plus immédiats et les moins dispendieux à employer pour combattre et arrêter les ravages du feu, j'ai été amené à reconnaître et m'assurer par de nombreux essais qui ont porté la conviction dans mon esprit, qu'au moyen de matières de peu de valeur, qui existent partout en quantité suffisante et qui abondent surtout dans les campagnes, on peut parvenir, en associant leur emploi aux procédés et moyens déjà connus et usités, à se rendre maître des incendies les plus intenses, à les concentrer dans leur foyer primitif et à en préserver les bâtiments les plus voisins de celui attaqué.

Dans les campagnes où les moyens ordinaires manquent généralement; et où les ravages du feu sont les plus fréquents, les plus rapides et les plus désastreux, les moyens que j'indique ne peuvent manquer d'être d'un puissant secours, d'une efficacité, d'une promptitude et d'une facilité qui frappera tous les esprits; et c'est là précisément que les matières à employer, dans ce procédé si simple et si à la portée de tout le monde, se trouvent le plus abondamment, le plus facilement et le plus à proximité de la main.

Que surtout les habitants des campagnes, abandonnés à leurs seules ressources, éloignés de tous secours organisés et immédiats dans ces sinistres, se pénètrent bien de l'importance et de l'utilité dont leur peuvent être ces moyens aussi simples que faciles, que la réflexion et une grande sollicitude pour leur sécurité et leurs intérêts m'ont fait découvrir.

Ces moyens, ces matières que je désigne ainsi que le mode de leur préparation et de leur emploi, ils les possèdent tous en abondance, les ont sous la main, soit chez eux, soit chez leurs voisins, aussi intéressés qu'eux-mêmes à empêcher l'incendie de se propager et à l'étouffer.

C'est aux habitants des champs que j'adresse plus particulièrement le résultat de mes recherches et de mes expériences qui, par un bonheur tout spécial et une coïncidence heureuse, se trouvent être de la plus grande simplicité comme de l'application la plus facile et la plus vulgaire.

Il est démontré par tous nos physiciens que c'est le principe de l'air, et ses courants mis en action par le feu, qui excitent et augmentent la combustion de tous les corps inflammables qu'il touche ou qu'il approche. C'est d'après cette donnée physique et commune que j'ai dirigé mes expériences et établi mon système: empêcher l'effet de l'air sur le feu, c'est l'étouffer presque instantanément, c'est comprimer l'incendie dès sa naissance ou le concentrer dans son foyer primitif. Tel est mon but, et tels sont les résultats que je crois fermement avoir obtenus.

J'ose espérer que M. le ministre de l'intérieur, qui a bien voulu applaudir et m'encourager à cette œuvre, dans son audience particulière du 27 mars écoulé; que MM. les Préfets, Sous-Préfets, les membres des conseils généraux et d'arrondissements, les maires et conseillers municipaux, ainsi que les administrations des compagnies d'assurances contre les incendies; ceux-là, dans l'intérêt public, celles ci dans leur propre intérêt, tous dans l'intérêt de l'humanité, reconnaîtront l'utilité et l'efficacité des agents et moyens indiqués et recommandés dans cet opuscule.

J'ai pensé qu'appeler M. le Ministre de l'intérieur et toutes les autorités départementales à se prononcer sur cette intéressante proposition, c'était faire, envers mon pays et l'humanité tout entière, une acte de patriotisme et de dévouement, que tous les hommes de bien, d'intelligence et de cœur doivent accueillir favorablement, à cause de son but philanthropique; et avec indulgence, à cause de mon peu d'expérience d'écrire et d'exprimer mes pensées.

INTRODUCTION.

Aussitôt que la cloche annonce le feu dans un village, une fatalité vient en doubler les funestes conséquences, en jetant l'effroi dans l'esprit des habitants. Ils sont spontanément saisis d'une frayeur frénétique et d'une consternation indescriptible; cela, parce que tous ignorent les moyens d'attaquer, combattre et étouffer un feu, tous sont livrés à des idées vagues, lugubres et incohérentes, faute d'un chef pour les diriger, les commander, et leur démontrer les moyens d'arrêter cet implacable ennemi; la confusion s'empare des esprits, les flammes augmentent rapidement, la frayeur aussi; fourvoyés, éperdus, ces infortunés abandonnent inconsidérément le feu, courent chacun chez soi pour soustraire tout ce qu'ils peuvent à ses ravages précipités.

Si ces courageux et intrépides habitants des champs avaient eu seulement un homme intelligent et habile pour les diriger, très probablement qu'en peu de temps ils auraient étouffé le feu dans son foyer, sans pertes appréciables, tandis qu'en un moment, les flammes ont consumé une partie du village, ou peut-être la totalité ; ces pertes sont plus ou moins grandes, suivant la position du feu, la force du vent, et la distance des habitations ; les dommages sont presque toujours énormes, beaucoup de familles ne s'en relèvent jamais, restent plongées dans la plus pitoyable misère ; forcés pour vivre, de solliciter les secours sympathiques des gens de bien.

Eclairer ces intéressants habitants des campagnes, les mettre à même d'arrêter, de paralyser et d'annihiler la généralité des incendies dès leur naissance et dans leurs foyers, c'est mériter l'estime et la reconnaissance des administrateurs de tous les gouvernements et de tous les peuples, c'est s'occuper du bonheur de tous.

Il est de notoriété publique que le feu fait des ravages beaucoup plus considérables à la campagne que dans les villes; les causes principales s'expliquent d'elles-mêmes; c'est que, dans les villes, on a de bonnes pompes avec leurs agrès constamment en bon état, des pompiers exercés, aguerris, expérimentés, disciplinés, intelligents et habiles à diriger les travailleurs et les secours avec principes, ensemble, célérité, ordre et discernement; tandis que, dans les campagnes, il n'y a très souvent point de pompe, partant, point de pompiers ; quand il y a des pompes, souvent elles sont négligées ainsi que les accessoires, fonctionnent mal ou pas du tout; dans ce dernier cas, elles font beaucoup de mal sans pouvoir faire aucun bien. Si elles sont dans un état satisfaisant, elles sont servies par des hommes zélés et courageux, c'est vrai, mais inexpérimentés et inhabiles à les diriger pour obtenir des résultats prompts, heureux, qui inspirent de la confiance, rassurent les esprits, remontent le moral, donnent de la force, du courage, et sauvent du danger, sans lesquels les habitants de la campagne, décontenancés, effrayés, hésitent et s'enfuient ; en peu de temps le village est la proie des flammes.

Pour empêcher ces grands et épouvantables désastres de se renouveler, se multiplier, il faut trouver et enseigner des moyens efficaces d'attaquer et étouffer promptement toutes espèces d'incendies. Voilà ce que j'essaierai de démontrer dans cet ouvrage ; mais c'est au gouvernement seul qu'il appartient de s'occuper de la création d'une administration indispensable dans les campagnes, ou tout au moins de patronner cette institution, et à ce sujet, j'aurai l'honneur de proposer :

D'établir dans toutes les communes et sections de communes des compagnies, subdivisions de compagnies ou escouades de pompiers. De cette manière, toutes les communes, hameaux, ou fermes, auraient généralement un ou plusieurs pompiers ou chefs habiles à indiquer et à diriger les manières et moyens d'annihiler promptement, presque immédiatement, les incendies. Il n'y aurait plus de frayeur, plus de confusion, plus de ces incendies qui réduisent en cendres des villages, des contrées entières ; les postes de chacun seraient marqués, désignés d'avance. Point de curieux, point d'oisifs, point de fripons ; tous, en arrivant, seraient placés par qui de droit, à travailler activement ensemble, à sauver les habitations et les objets de nos frères communs et infortunés ; en très peu de temps le feu serait étouffé dans son foyer.

Je ne puis donc faire mieux, dans l'intérêt bien entendu des bons campagnards, que de leur dire : *Lisez, étudiez et méditez ce manuel ou guide des incendies ;* peut-être n'avez-vous jamais eu besoin de connaître les moyens de lutter contre le feu ; mais, pensez-vous n'en jamais avoir besoin ? Je le souhaite sincèrement ; cependant, craignez de voir prochainement apparaître ce redoutable fléau chez vos parents, vos amis, vos voisins, ou chez vous-mêmes ! J'ai connu des septuagénaires qui n'avaient jamais vu d'incendie ; le feu prit chez eux, ils furent fourvoyés comme des enfants; ils me racontaient dans la suite qu'avec un homme habile pour les rassurer, les commander et les diriger, ils auraient facilement pu tout sauver, et tout avait été perdu! Dans la même année, la même famille passa deux autres fois par les flammes! Dans le deuxième cas, les pertes furent beaucoup moindres que dans le premier, et dans le dernier, elles furent presque nulles! Voilà, généreux lecteurs, le fruit des connaissances et de l'expérience.

En étudiant ce manuel ou guide des incendies, vous apprendrez la manière de combattre avantageusement les feux, quand vous serez malheureusement appelés à défendre contre ce foudroyant adversaire, soit vos propriétés, soit celles d'autrui; aussitôt que vous l'aurez reconnu, vous jugerez de la force et du temps qu'il vous faut pour empêcher ses bouleversements et l'anéantir complétement.

Alors vous aurez confiance en vos propres forces, vous attendrez ce cruel ennemi de pied ferme; sans désirer ses visites toujours foudroyantes et terribles, vous ne lui laisserez pas prendre des forces indomptables, vous le terrasserez et l'étoufferez dès sa naissance, temps où l'on peut facilement le dompter; et si, par surcroît de fatalité, vous ne l'apercevez que quand il aura acquis un développement formidable, alors vous l'attaquerez avec une ardeur proportionnée à ses forces, une résolution inébranlable, une dextérité admirable, une persévérance inaltérable; en peu de temps vous le mettrez encore au néant.

C'est ce que j'ose espérer de démontrer clairement dans cet ouvrage, à la satisfaction de tous.

HISTORIQUE.

Personne n'ignore que, parmi les nombreux fléaux qui assiégent et affligent l'humanité, sur tous les points du globe, le plus foudroyant et le plus écrasant, c'est le feu.

Personne n'ignore également que cet implacable élément a privé le monde ancien de deux de ses admirables merveilles ; le temple d'Ephèse et le temple de Jérusalem ; que c'est lui qui a consumé la moitié de la ville de Rome sous Néron, et qui a, tour à tour, réduit en cendres presque toutes les cités du monde, dont plusieurs n'ont jamais pu se relever de leurs désastres. Combien de milliers d'honnêtes et laborieux citoyens, chefs de familles, ont passé de l'état d'opulence à celui d'indigence, par les ravages du feu ! Nous voyons encore, tous les jours, les tristes exemples de ces malheurs incalculables et souvent inconcevables.

Tant de désastres et de calamités devaient nécessairement porter les hommes de cœur et les hommes de sciences, à faire des recherches sur les moyens propres à préserver la société de cet impitoyable fléau. Aussi, notre histoire nous apprend que des ordonnances qui datent de 1371, 1395, et 1400, prescrivent déjà des règles pour la conservation des propriétés bâties. Nous devons donc reconnaître que les hommes dévoués au bien public, se sont sérieusement occupés à chercher des moyens efficaces à combattre les incendies. C'est par ces recherches d'une honorable philanthropie qu'ils sont arrivés à faire l'heureuse découverte des pompes qui rendent de si grands services dans les incendies. Cette invention d'une utilité incontestable, était connue dans les états de Hollande et d'Allemagne, dans un temps où elle n'était même pas soupçonnée en France. C'est à un gentilhomme provençal, que nous devons le bienfait de l'introduction de ces machines; il avait fait un voyage dans ces pays, et à son retour, il fit au roi, Louis XIV, le récit des effets étonnants de cette merveilleuse découverte, sollicita de Sa Majesté le privilége de faire confectionner des pompes dans le royaume et de les vendre. Le roi lui octroya ce privilége par une ordonnance du mois d'octobre 1699.

C'est contre un incendie arrivé en 1705, dans la maison d'un artificier, située près de l'église du Petit-Saint-Antoine à Paris, qu'a été remarqué pour la première fois, l'emploi des pompes en France.

Avant l'introduction des pompes pour éteindre les incendies, nos ancêtres lançaient l'eau sur le feu avec des seaux, et se servaient de perches à crocs, d'échelles, de cordes, etc. Quand un feu se manifestait, les ouvriers en bâtiment étaient obligatoirement tenus de prêter leur concours avec leurs outils, sous peine d'amende. Les Capucins avaient la mission spéciale et obligatoire de soigner les blessés et de surveiller les voleurs.

Depuis les pompes, on a fait une multitude d'innovations d'une utilité non contestée; on a institué, dans la plupart de nos grandes cités, des compagnies de Sapeurs-pompiers qui rendent journellement d'éminents services à la société; plusieurs communes rurales ont eu la sagesse de se pourvoir, à grands frais, de pompes; quelques unes ont même organisé chez elles, des compagnies de pompiers. Malgré ces louables précautions, nos statistiques nous apprennent que les ravages du feu ne diminuent pas! Et, chose bien triste à dire, il vient encore d'être démontré, à la séance publique de l'Assemblée législative du 11 mars 1851, que, dans le courant de l'année 1850, on n'a pas eu à regretter, dans le département du Nord seul, moins de quatre-cent-cinquante incendies! Il est en outre authentiquement constaté, que la France éprouve des pertes énormes causées par les flammes, estimées en moyenne annuelle, à environ vingt millions! Que de calamités! Que de misères!

Pour soulager tant d'infortunes, nos honorables législateurs votent toutes les années, plusieurs millions pour être répartis aux malheureuses victimes de ces sinistres.

Des assurances contre l'incendie se sont

successivement établies : ces philanthropiques administrations ont rendu et rendent tous les jours de grands services à la société. Combien y a-t-il d'honnêtes chefs de familles, qui sont aujourd'hui propriétaires aisés, qui seraient dans la plus affligeante misère, sans le secours de ces paternelles institutions qui leur ont intégralement payé le montant de leurs assurances, deux, trois, quatre, et jusqu'à cinq fois, pour des sinistres à eux successivement survenus, en très peu d'années.

Avec des institutions d'une utilité si éminemment précieuse pour sauvegarder les intérêts de la société, spécialement chez les habitants de la campagne, dont la principale partie de la fortune se compose souvent d'une maison ; on a de la peine à comprendre qu'il y ait un seul de ces propriétaires qui puissse méconnaître ses intérêts au point de ne pas assurer sa propriété bâtie ; il lui serait facile de payer à l'administration d'assurance, la légère redevance d'une prime annuelle, et, en cas de feu pour l'assuré, sa position financière reste la même ; sans l'heureux secours de l'assurance, le sinistre arrivant (et il arrive toujours) que lui reste-t-il ? La misère et les remords !

Profondément affligé des maux causés par les incendies dont j'ai été souvent témoin, je formai, il y a environ vingt-cinq ans, l'inébranlable résolution de m'occuper sérieusement à chercher des moyens efficaces pour les combattre.

Après de laborieuses et persévérantes recherches, des essais nombreux et dispendieux, j'ai acquis la conviction qu'avec l'emploi des matières indiquées dans cet ouvrage, on arrive facilement à dompter toutes espèces de sinistres.

Favorisé par un hasard providentiel, j'ai pu essayer en grand, dans trois incendies successifs, les moyens dont je m'occupais depuis tant d'années et apprécier les résultats inespérés que l'on peut en attendre et sur lesquels on peut désormais compter en toute confiance.

Le conseil général du Doubs devait s'assembler en session extraordinaire, le trois mars 1851 (cinq jours après mon dernier essai.)Je m'y rendis et communiquai, à quelques uns de ses membres, mes découvertes, leurs résultats et mes dispositions d'en informer le gouvernement. Ces messieurs, eurent la généreuse obligeance de remettre ma proposition, en plein conseil, à M. le Président, qui daigna en faire lecture à haute voix. Voici la copie textuelle de cette proposition :

A Monsieur le Ministre de l'intérieur de la République française.

Brocard, Aimable-Auguste, du Doubs, présentement à Paris, rue Saint-André-des-Arts, 30, à l'honneur de vous exposer humblement que :

De tous les fléaux qui affligent l'humanité, et spécialement les campagnes, le feu est le plus calamiteux.

Il serait fastidieux de faire ici l'histoire lugubre des incendies, de retracer les pertes énormes et annuelles de 20 à 30 millions, de compter le nombre des personnes dévouées, victimes de leur courage et les familles qui ont perdu leur chef et se trouvent plongées dans la plus affreuse misère. Ces maux ont paru si grands que M. Thouret en a fait l'objet d'une proposition à la chambre en faveur des sapeurs-pompiers, victimes de leur dévouement dans les incendies.

Trois désastres successifs qui ont eu lieu dans la commune de Guyans-Durnes (Doubs), les 11-25 décembre 1850 et 26 février 1851, ont procuré à l'exposant, l'occasion de constater un fait sur lequel il avait fait des recherches persévérantes et qui avait fait de sa part, le sujet d'une étude sérieuse.

Les foins, pailles et autres fourrages, sont de leur nature ordinaire, extrêmement inflammables ; leur emploi dans les incendies pourrait paraître un rêve ; mais si ces matières sont imbibées d'eau, rien n'est plus difficile que de les mettre en combustion. Avec leur emploi, non seulement on peut parvenir à étouffer un foyer d'incendie, mais on peut garantir facilement les maisons voisines.

Pour y réussir, il convient, aussitôt qu'un incendie se manifeste, de faire couvrir le toit d'une couche, plus ou moins épaisse, d'un fourrage que l'on humecte d'eau et qu'une seule personne peut entretenir dans cet état; à supposer que l'on n'ait pas le secours des pompes à incendie.

Par ce moyen facile en lui-même, puisque la matière existe dans les villes et spécialement dans les campagnes, on ne verra plus se propager ces incendies qui dévorent des villages entiers, réduisent des centaines de familles au dénument le plus complet et à la plus affreuse misère, et souvent jettent la désolation et la consternatien dans toute une contrée, par le sort malheureux d'hommes intrépides et dévoués.

C'est au gouvernement qu'il appartient de donner une direction qui, sans éparpiller les forces, les fasse contribuer à un ensemble de secours plus faciles, plus intelligents et moins compromettants dans le sauvetage.

En appelant votre attention, M. le Ministre, sur cette question importante, l'exposant n'a voulu qu'être utile à ses compatriotes, et appeler votre bienveillance sur un Manuel ou Guide des incendies, à la rédaction duquel il s'occupe depuis longtemps dans la prévision de tous les cas de sinistres, avec un détail précis et circonstancié des moyens particuliers pour combattre et arrêter promptement ce terrible fléau.

Heureux, si ces renseignements méritent la haute approbation des administrateurs éclairés de sa bien-aimée patrie.

L'exposant est avec le plus profond respect, Monsieur le Ministre, votre etc. Signé Brocard.

Après cette lecture, dix-neuf membres présents, sur vingt-trois, applaudirent à cette découverte à l'unanimité et signèrent la recommandation dont copie suit : Les membres soussignés du conseil général du Doubs, pénétrés de l'importance des moyens à employer pour arrêter les ravages des incendies trop fréquents dans les campagnes, recommandent très instamment à M. le ministre de l'intérieur, les idées philanthropiques de M. Brocard.

Besançon, le 4 mars 1851. Suivent les signatures.

Le vingt-sept du même mois, à onze heures du matin, j'étais pour cet objet, dans le cabinet de M. le Ministre de l'intérieur, qui avait daigné m'accorder une audience particulière. Après m'avoir entendu, ce haut administrateur m'encouragea, par des félicitations bienveillantes, à donner suite à mes découvertes en publiant la méthode d'en faire usage, ajouta la gracieuse promesse de s'en occuper sérieusement, de les recommander à Messieurs les Préfets, et même de solliciter en ma faveur une récompense nationale.

IV. Utilité d'établir des compagnies, subdivisions ou escouades de pompiers dans les communes et sections de communes rurales.

La peur est toujours mauvaise conseillère; elle grossit le danger qui amène la perturbation; le danger augmentant, une confusion complète est inévitable; c'est ce qui arrive dans presque tous les incendies ruraux. Les habitants se fourvoient, laissent ce fléau dévastateur poursuivre librement ses affreux et rapides ravages. Pourquoi?.. Parce qu'aucun habitant ne connaît les moyens de l'attaquer et arrêter!... Tandis que très-souvent, s'il y avait eu dans la localité seulement un homme intelligent, ayant les connaissances nécessaires pour les diriger habilement, sa présence les rassurerait, la confiance remplacerait la peur; ils travailleraient avec courage, énergie et persévérance, étoufferaient le feu, en un moment, dans son foyer, tandis qu'au contraire, en un moment, le village entier devient la proie des flammes, quelquefois aussi les villages voisins.

Cette institution est donc indispensable dans toutes les communes et sections de communes rurales, pour la création de laquelle il est très important de choisir des hommes intègres, intelligents, courageux et forts.

Intègres.—Comme ce sont eux seuls qui entrent dans les habitations, qui ont à leur disposition la propriété d'autrui, qui sont chargés de la surveiller, la conserver et sauvegarder, qu'en conséquence elle leur est discrétionnellement et forcément abandonnée en toute confiance, on comprendra combien pourrait devenir déplorable le choix d'un pompier de probité douteuse ou légère.

Intelligents. — Le feu marche avec une célérité qui ne permet pas d'hésitation, ni d'attendre des conseils; il faut que celui qui est appelé à diriger les secours et les travailleurs ait l'intelligence assez prompte pour qu'aussitôt qu'il a reconnu un feu, petit ou grand, il puisse, à première vue, apprécier l'étendue du danger et les moyens les plus efficaces pour l'attaquer, l'étouffer, ou annihiler le plus sûrement et le plus promptement possible. Hésiter un tout petit instant, dans bien des cas, c'est s'assurer un incendie général inévitable.

Les ouvriers en bâtiments qui jouissent des

qualités citées, doivent être préférés, attendu que les connaissances de leur profession peuvent souvent leur servir très avantageusement dans la direction des secours.

Courageux.—Il faut de toute nécessité que celui qui est investi du pouvoir de commander ait le courage de donner l'exemple dans tous les cas de besoin. Les chefs faisant des actes de courage, d'audace, de générosité et d'intrépidité (même devant des périls imminents), leurs subordonnés et les travailleurs ne voudront pas rester en arrière, et s'efforceront de faire preuve de valeur et de dévouement aussi bien qu'eux; mais si, au contraire, les chefs font les couards, les poltrons, les lâches, leurs sous-ordres et les travailleurs supposeront évidemment que c'est l'imminence du danger qui les retient; quand même il n'y en aurait point, dominés par cette idée fantastique, ils seront encore plus couards, plus poltrons et plus lâches qu'eux! La désobéissance, le refus de marcher, la confusion, le désordre. Alors l'incendie général est inévitable! A qui la faute? à un chef incapable, indigne!

Forts.—La force est un immense auxiliaire au courage, elle est souvent indispensable au succès d'une action de générosité et de dévouement dans le sauvetage. S'agit-il de sauver une personne dont la vie est dans un danger imminent, il faut souvent pouvoir l'emporter, alors il faut du courage, du dévouement et de la force; dans maintes autres circonstances, c'est la force qui couronne l'action.

V. Autres qualités que doivent avoir les pompiers.

Il faut être dans la force de l'âge et avoir une conduite régulière; il serait très imprudent et même dangereux de nommer pour chef un homme qui s'adonnerait à l'ivrognerie. Si un incendie se manifestait dans un moment qu'il aurait bu, il serait incapable de reconnaître le foyer du feu, incapable de reconnaître sa force, incapable de reconnaître les moyens qu'il convient d'employer pour le combattre et l'arrêter, incapable de diriger les secours et les travailleurs; en un mot, incapable de rien, et c'est precisément alors qu'il se croira capable de tout. Il voudra diriger et commander bon gré malgré. Il n'inspirera que du mépris et une défiance fondée; les pompiers et travailleurs ne pourront avoir en lui la confiance indispensable au succès de toutes les grandes actions; cette confiance qui donne la force, le courage et l'espérance. Les catastrophes les plus désastreuses seront le résultat lugubre et funeste de l'inconduite d'un seul homme, on en reconnaîtra, après le désastre, les conséquences à jamais regrettables, mais il sera trop tard.

Il est un vieil adage, malheureusement trop vrai, qui dit : homme de vin, homme de rien! dans la circonstance qui nous occupe, il serait bien pis que rien, il serait extrêmement dangereux! Dans un moment d'ivresse, il sacrifierait inconsidérément, non seulement ses propriétés, mais aussi celles des personnes qui auraient eu la faiblesse de lui accorder leur confiance et de le nommer chef d'un poste dont il n'est pas digne.

VI. Devoirs des pompiers et de leurs chefs.

En cas d'absence des chefs, les plus anciens les remplacent. Il faut que pompiers et chefs soient bien pénétrés qu'eux seuls dirigent l'attaque des feux, des secours et des travailleurs pendant l'incendie ; à eux seuls revient l'honneur ou le blâme d'une bonne ou mauvaise direction pour étouffer plus ou moins activement l'incendie, pour opérer plus ou moins habilement le sauvetage, etc ; en un mot, tout est confié à leur vigilance, tout est sous leur responsabilité.

VII. Nomination des pompiers.

Elle a lieu par un vote des électeurs de la commune pour le nombre désigné par une délibération du Conseil municipal, homologuée et approuvée par M. le Préfet.

Les pompiers nommeront, eux seuls, leurs chefs d'escouades, en nombre suffisant pour y prendre tous les autres chefs supérieurs, à la majorité absolue de leurs suffrages.

Les chefs de subdivision et de compagnies seront choisis parmi les chefs d'escouades à la majorité absolue de ces derniers seulement, pour éviter une deuxième élection aux simples pompiers.

Les nominations des pompiers et celles des chefs, doivent être faites avec discernement, loyauté et impartialité; point de déférence ni de condescendance pour personne ; on ne doit s'attacher uniquement qu'au mérite reconnu, toutes autres considérations doivent être rigoureusement rejetées. L'électeur, ainsi que le pompier, en votant, ne doit pas oublier que, de son choix, peut dépendre le sort de sa fortune et de celle de la commune entière.

Le titre de pompier ou chef, n'importe le grade, étant d'utilité particulière et publique, est uniquement honorifique.

VIII. Effets désastreux de la frayeur dans les campagnes, résultat de l'ignorance.

Lorsque le tocsin annonce la triste naissance d'un incendie dans un village, la frayeur dont la plupart des habitans sont immédiatement saisis est incompréhensible pour toutes les personnes qui n'en ont pas été témoins. Qu'il me soit permis, à moi, qui ai assisté à plusieurs de ces malheureuses scènes, de rappeler les impressions douloureuses qu'ont fait naître chez moi ces infortunés par leur désespoir. Voici ce que j'ai remarqué et qui m'a été confirmé par eux dans la suite.

1° Aussitôt qu'ils aperçoivent le feu, le plus grand nombre courent sur le champ chez eux pour soustraire aux flammes ce qu'ils pourront, mais la frayeur est si grande, qu'en entrant ils s'assoient, restent debout ou se couchent privés de raison! J'ai sauvé d'une mort certaine plusieurs personnes dans cet état d'idiotisme! Ces gens m'ont affirmé après, qu'ils étaient rentrés chez eux pour sauver du feu leurs plus précieux objets, que là, ils s'étaient trouvés fourvoyés de manière à ne savoir, ni où ils étaient, ni ce qu'ils faisaient!

2° Parmi ceux qui vont au feu, les anciens militaires et quelques habitants qui ont conservé leur sang-froid, travaillent avec un courage et une intrépidité au dessus de tout éloge, mais n'ayant communément que leurs bras pour lutter contre ce foudroyant élément, que peuvent-ils faire ? Sauver quelques meubles, lancer quelques seaux d'eau sur le feu et en retirer quelques pièces de bois ! D'autres regardent flamber le feu, poussent des cris incessants de détresse, appellent la divinité à leur secours ! Et d'autres enfin, se prosternent à genou devant une image, implorent la protection de tel ou tel saint qui les délivre ! Plusieurs de ces derniers se laisseraient consumer par les flammes, si des personnes charitables et dévouées n'allaient les arracher à la mort !

Me serait-il permis de prier très instamment

les autorités des communes rurales, dans leur bienveillante sollicitude pour leurs administrés, de vouloir bien prêter leur sérieuse attention sur l'article suivant, qui a pour but de mettre un terme à ces affreuses et innombrables calamités.

IX. Impérieuse nécessité de faire nsage d'incendies simulés dans les campagnes, pour exercer les pompiers, les éclairer, les discipliner et rassurer les habitans sur les sinistres ultérieurs.

Incendies simulés. — Les habitants de la campagne n'assistant que rarement aux incendies, ignorent totalement la manière d'attaquer un feu ; il est donc nécessaire, même indispensable, de la leur apprendre : pour arriver à ce but, d'un si haut intérêt pour tous, il faut des incendies simulés ; on suppose l'existence d'un feu sur un point ou sur un autre, dans une maison au milieu du village ou à une extrémité, avec un temps calme ou avec un vent qui pousse les flammes et les charbons hors et à l'opposé du village, sur le côté, ou directement sur les habitations : on suppose aussi que la maison enflammée est habitée ou non habitée, ayant des issues praticables ou impraticables, fermées ou non fermées, que les propriétaires sont présents ou absents ; qu'il y a abondance ou disette d'eau et de matières propres à étouffer le feu, que l'on est dans un temps sec ou qu'il tombe de la pluie, que tout est sec ou humide, qu'on a ou qu'on n'a pas de travailleurs, etc.

Pendant ce temps, les autorités et les pompiers de la localité font placer les vases autour des habitations, les échelles, établir la chaîne des travailleurs pour transmettre l'eau etc. Ces opérations doivent être dirigées avec discernement et convenance, exécutées avec célérité et prudence. Cela terminé, d'après la combinaison des principes ci-dessus relatés les pompiers se rendront sur le lieu supposé du feu ; et là, tous réunis, les chefs simuleront un incendie avec circonstances agravantes ou atténuantes, demanderont à leurs inférieurs d'expliquer les moyens qu'ils emploieraient pour l'attaquer et l'annihiler ; ils approuveront ce qu'ils reconnaîtront bon, les féliciteront sur les innovations, s'ils en font d'utiles et leur signaleront ce qui leur paraîtra mauvais.

Ces manœuvres et ces conférences serviront à donner aux pompiers une idée juste de la théorie et de la pratique de leur état, et serviront puissamment à développer leur intelligence ; ils pourront, dans la suite, en cas de besoin, rendre d'importants services à leurs concitoyens.

Exercer. — L'incendie simulé est, chez le

pompier de la compagne, ce qu'est la petite guerre chez nos troupes d'aujourd'hui, qui les exerce très avantageusement. Nul n'ignore qu'à la théorie, la pratique est indispensable ; donc, les incendies simulés, sont, dans les campagnes surtout, d'une absolue nécessité.

Eclairer. — Ils font connaître aux pompiers comment toutes espèces de feu doivent être attaquées, combattues et étouffées.

Discipliner.—Ils apprennent aux pompiers et aux habitants ou travailleurs, que l'heureux ou le malheureux résultat d'une opération de ce genre qui les intéresse tous, ne dépend pas uniquement de l'habileté du supérieur ou chef qui commande ; mais qu'il faut encore que ses subordonnés fassent exécuter ses ordres et que les travailleurs les exécutent activement, avec précision et ensemble ; qu'une observation, un changement hors de propos peut avoir des conséquences bien désastreuses. Pompiers et travailleurs ne peuvent donc pas trop se pénéter que le succès de ces opérations est livré aux soins éclairés du chef des pompiers de la localité; que, pour que ce chef intelligent et dévoué puisse obtenir des résultats heureux, efficaces, prompts et satisfaisants, il faut que tous respectent et exécutent ses ordres, comme une armée obéit à la voix de son général, depuis le colonel jusqu'au simple tambour! Lorsque les habitants d'un village, chefs, pompiers et travailleurs auront coopéré à manœuvrer avec ordre, discipline, ensemble et précision, ils seront incontestablement rassurés sur l'avenir; ils ne désireront évidemment pas le feu, mais s'il arrive (et il arrive malheureusement toujours, plus ou moins tard), ils compteront sur leur connaissance, le recevront de pied ferme, l'attaqueront hardiment à sa naissance et l'anéantiront promptement, soyez en bien convaincus! Personne ne sera fourvoyé, partant, point d'alarmiste, point de confusion; tous seront, au contraire, des travailleurs énergiques et infatigables, desquels le chef pourrait dire glorieusement, comme le Grand Napoléon a dit bien des fois, après avoir visité ou passé en revue ses troupes : Avec de tels soldats on doit toujours vaincre! avec de tels pompiers et travailleurs on doit dompter tous les incendies!

Ces exercices si fructueux pour les habitants des champs, ne seront pour eux que des parties de plaisir ; ils les feront les jours fériés et par le beau temps.

X. Utilité des pompes et accessoires, la méthode de s'en servir, de les conserver et le calibre qu'il convient de leur donner.

L'utilité des pompes à incendie, est incontestable ; les administrateurs des communes rurales qui peuvent en faire l'acquisition doivent, dans leur intérêt bien entendu, et ceux de leurs administrés, s'en occuper sérieusement ; mais pour qu'elles soient véritablement d'un secours puissant, il faut qu'elles soient constamment tenues en bon état, car le feu ne prévient jamais, il s'allume en secret ; celui qui est vu dès sa naissance, est promptement détruit. Dans les villages qui ont le bonheur d'avoir une ou plusieurs pompes, il doit de toute nécessité y avoir des pompiers, tenus obligatoirement de les faire jouer tous les quinze jours, ou, tout au moins, une fois chaque mois.

Accessoires. Voir au titre nomenclature, etc.

Méthode de s'en servir. Tous les hommes spéciaux qui ont écrit sur cette importante matière, recommandent, comme point capital, de placer les pompes le plus près possible du foyer de l'incendie, afin que leur jet arrive compacte sur le feu; c'est là le grand moyen d'en obtenir d'efficaces résultats, chacun sait qu'il faut un homme vigoureux et intelligent pour diriger la lance, et d'autres en nombre suffisant pour manœuvrer le balancier, suivant sa force.

Conserver. Un homme d'ordre doit, moyennant un salaire équitable, être chargé de leur soin et de celui de leurs accessoires, pour les conserver consciencieusement afin que le tout soit continuellement en état de bien fonctionner. Pour cela, il faut chaque fois que l'on s'en est servi, essuyer et graisser incessamment toutes les pièces et parties suivant leur nature et leur besoin, et, en cas de repos, au moins une fois chaque mois. Ces opérations finies, les remonter pour qu'elles soient prêtes à fonctionner au premier besoin.

De l'uniformité et du calibre qu'il convient de donner aux pompes.

Je ne puis mieux éclairer les lecteurs sur ce point important, que rapporter ici l'opinion textuelle formulée par deux anciens chefs de sapeurs pompiers de Paris ; hommes éminemment experts et dignes de foi. Voici ce qu'ils ont écrit à cet égard :

« Il serait à désirer que toutes les pompes à » incendie que l'on fera construire, à l'avenir, » pour le service des communes, fussent établies sur un seul et même modèle, et que les » pièces qui les composent fussent d'un même » calibre, comme cela a lieu pour les armes » à feu; on en tirerait les avantages suivants.

« 1° Dans un endroit où il n'y a qu'une » seule pompe, lorsqu'une de ses pièces se» rait défectueuse, il suffirait, s'il n'y avait » pas dans le pays d'ouvrier capable de la fa-

» briquer, d'en faire demander une pareille
» dans quelque commune voisine, sans être
» obligé d'envoyer les dimensions, ni même
» de rien expliquer, puisque le nom de la
» pièce suffirait.

» 2° Dans un incendie où deux pompes
» manœuvreraient à la fois, si des pièces dif-
» férentes venaient à manquer dans l'une ou
» dans l'autre, on pourrait en établir une sur
» le champ, en prenant dans la plus endom-
» magée des deux les pièces nécessaires à la
» réparation de l'autre.

» 3° Enfin, les pompes de plusieurs com-
» munes se trouvant réunies dans un grand
» incendie, quand une d'elles serait hors de
» service, ses pièces pourraient être utilisées,
» en les faisant servir de pièces de rechange
» pour toutes les autres. »

(Manuel du sapeur-pompier, par M. Plazanet, ancien commandant du bataillon des sapeurs pompiers de Paris.)

J'ai consulté tous les ouvrages que j'ai pu me procurer sur cette matière intéressante, rédigés par des hommes spéciaux et éclairés ; j'ai consulté plusieurs officiers de sapeurs pompiers de Paris, tous reconnaissent la nécessité de cette utile uniformité ; mais il n'y a que l'administration qui puisse la procurer en fixant un modèle unique pour les pompes et le matériel. Alors, mais seulement alors, il sera possible de rédiger utilement des ouvrages sur cette matière et de les étudier avec fruit, les principes étant les mêmes ; le sapeur pompier qui connaîtra bien la manœuvre de la pompe de sa localité, pourra faire fonctionner toutes les pompes avec la même dextérité. Cette époque n'est probablement pas éloignée, quand nos sages administrateurs en auront reconnu l'avantage réel, ils se hâteront de l'ordonner, nul ne peut en douter.

Quant au calibre de la pompe, les hommes experts, ne sont pas d'accord. Plusieurs officiers de pompiers prétendent que celles à grandes dimensions, ont un avantage marqué sur celle de petit calibre, lancent une quantité d'eau plus considérable et à une distance plus grande. D'autres soutiennent qu'on ne doit jamais attaquer un feu à grande distance, qu'en ce cas l'eau n'arrive que divisée et ne peut produire un bon effet; qu'au contraire, elle peut, dans certains cas en produire de bien mauvais. Tous reconnaissent qu'on doit placer les pompes le plus près du feu possible, que ce n'est qu'à une distance rapprochée qu'on en obtient des résultats heureux.

Toutes recherches faites et tous renseignements pris, je suis convaincu que pour les villages où les habitations sont d'une élévation généralement au dessous de dix-sept à dix-huit mètres, une grande pompe aurait le double désavantage d'épuiser promptement les ressources d'eau de la localité et d'occuper la majorité des travailleurs à la faire fonctionner utilement; travailleurs dont la présence ne serait pas moins intéressante sur d'autres points. Pour moi, il est évident qu'une pompe qui lance l'eau à vingt-deux ou vingt-trois mètres, avec le secours des matières que j'indique, est même plus avantageuse, sous bien des rapports, qu'une plus forte, car celle-là donnera toujours assez d'eau; toutes les bûches de fourrage étant concaves, s'emplissent d'eau qu'elles retiennent plus ou moins longtemps, suivant qu'elles sont plus ou moins inclinées; on comprendra donc facilement qu'il faudra très-peu de liquide pour les tenir suffisamment et constamment mouillées de manière à pouvoir former une espèce d'arrosoir ayant des milliers d'orifices.

D'après les considérations qui précèdent, je me plais à espérer que mes lecteurs reconnaîtront comme moi, que la pompe qui lancera l'eau à vingt-trois mètres, sera de force suffisante pour les communes rurales, quelle que soit la quantité de liquide qu'elle donnera, qu'ayant l'orifice de la lance étroit (dix à douze millimètres de diamètre, cinq lignes environ) jamais plus;) elle sera même plus utile pour la campagne; qu'une plus forte.

Toute pompe qui lancera l'eau à moins de vingt-trois mètres, devra par contre, être refusée.

XI. Description des pompes.

Le corps d'une pompe se compose de :

récipient, tuyau de sortie, tuyau de pompe, couronne, deux cylindres, deux soupapes, deux pistons, un entablement, une bâche, un balancier, etc. Une pompe moyenne lance deux cent quarante litres d'eau à la minute.

XII. Utilité des cuves, cuviers et tonneaux, avec ou sans pompe.

Ils sont indispensables dans les feux des villages, principalement avec l'emploi des fourrages et autres matières désignées dans cet ouvrage. Il faut, aussitôt qu'un feu se manifeste, placer ces vases autour de la maison où est son foyer et de toutes celles qui sont exposées, puis se hâter de les emplir d'eau. Si l'on a une pompe ou qu'il en arrive une du dehors, elle aura de l'eau à lancer immédiatement, en attendant que la chaîne soit formée pour l'alimenter. En l'absence de pompe, on pourra envelopper, et mouiller le foyer de l'incendie, comme il est indiqué pour chaque cas particulier, et sauvegarder toutes les maisons exposées, en ayant grand soin de commencer par celle qui l'est le plus, ainsi de suite.

XIII. Nécessité d'échelles à incendies, leur utilité.

En lisant l'article qui précède, les hommes intelligents ont compris le besoin des échelles pour monter l'eau et les matières nécessaires sur les toitures ; sans elles, si l'on est privé de pompe, tous les secours à porter sur les couverts des maisons, sont complétement paralysés. Elles sont donc indispensables. Il en faut de courtes pour dresser contre les couverts, et de grandes qu'on appuie contre ces premières et qui tiennent du bas en haut des toitures.

XIV. Impérieuse nécessité des arrosoirs à jardins, leur importance pour tous les propriétaires de bâtiments.

Ils sont indispensables à la campagne pour

combattre les incendies, leur utilité est incontestable, ils remplacent avantageusement la pompe dans bien des cas, et il ne faut qu'une personne pour les mettre en œuvre, ce qui est d'autant plus important que l'on est toujours pauvre de travailleurs, et qu'un incendie ne devient jamais considérable que par le manque de personnes pour l'éteindre.

Dans les feux terribles de greniers à fourrages et de combles, ainsi que dans maintes autres circonstances, la maison voisine de celle où est le feu court généralement le plus grand péril, si elle ne reçoit de prompts et énergiques secours. C'est le cas ou jamais de faire les paquets! Eh bien! je soutiens qu'il ne faut pas même penser aux paquets, il faut sauver le tout à la fois, et je vais démontrer jusqu'à l'évidence, même aux plus incrédules, qu'avec le secours d'un arrosoir, trois personnes seulement pourront facilement en un instant mettre la maison à l'abri de tout danger (les paquets y seront aussi), et la maintenir dans cet état pendant tout le temps que durera l'incendie. Ce qui, ce me semble, a un tout autre mérite que de faire les paquets et laisser brûler la maison.

En effet, une personne montera avec un arrosoir plein d'eau au faîte de la maison ; là, d'un seul jet en fauchant, elle mouillera toute l'étendue du toit, d'une extrémité à l'autre, une autre apportera le liquide nécessaire au pied de l'échelle, et enfin une troisième le transmettra à la première; en quelques minutes toute la toiture sera chargée d'eau. En continuant cette opération pendant tout le temps du feu, la couverture sera continuellement mouillée, l'eau découlera sur tous les points, les charbons qui arriveront dessus seront aussitôt noyés que tombés. Cela ne peut être sérieusement contesté. Partant, dans tous les autres cas de grands dangers, le propriétaire d'une maison, muni d'arrosoirs, pourra toujours, avec deux ou trois personnes, garantir sa propriété des flammes. Il y a mieux, dans les cas d'incendie de combles ou toitures avec grand vent, tous les propriétaires pourront, avec la même facilité, sauvegarder chacun leur propriété bâtie; il n'y aurait donc jamais à regretter que la perte de la maison où le feu aurait pris naissance, peut-être seulement qu'une partie et non le village entier, comme il est arrivé très-souvent jusqu'ici.

XV. Escabots, leurs formes, leur utilité. Voir au chapitre nomenclature des objets indispensables,

XVI. Nouveaux et avantageux systèmes de sauvetages.

Dans les campagnes, les habitations n'ayant souvent que le rez-de-chaussée, ayant quel-

quelfois un étage, rarement un deuxième, le sauvetage y est moins difficile que dans les villes.

Pour le rez-de-chaussée, des hommes entrent dans l'intérieur des pièces et transmettent à l'extérieur les meubles à d'autres qui les reçoivent et les portent à distance sûre. Si les fenêtres étaient trop élevées pour que les hommes du dehors pussent librement, recevoir les objets qu'on leur passerait depuis le dedans, il faudrait placer des fourrages pour les recevoir, ou des glissoires, comme il va être dit pour l'étage.

Pour l'étage. Les planches, plateaux ou autres bois manquant rarement dans les campagnes, du moins celles qui sont boisées, faire des ponts inclinés, vulgairement appelés glis soires qui, par une pente douce, atteindront du sol à l'étage, sur lesquels on glissera facilement les meubles et effets fragiles, ceux non fragiles devront être jetés sur le sol où l'on pourra placer des fourrages pour les recevoir; s'il y a des escaliers propices à leur passage, on en profitera encore, afin d'accélérer le sauvetage.

Pour le deuxième étage. S'il y a des escaliers convenables on en profitera aussi, l'on descendra les meubles et effets fragiles, avec des cordes, sur la glissoire placée au premier étage et l'on jettera par les fenêtres et par les portes les objets non fragiles sur des fourrages étendus sur le sol pour les recevoir.

Ces opérations de sauvetage, doivent être faites avec discernement et une bonne foi inaltérable; la charité et l'humanité imposent aux pompiers et travailleurs, le devoir sacré de veiller à la conservation de la propriété d'autrui, comme à la leur, particulièrement dans une circonstance si malheureuse.

Pour le sauvetage des personnes.

Le simple bon sens indique surabondamment aux pompiers et travailleurs, qu'ils doivent s'occuper à sauver les persones, avant tout : elles ne peuvent être comparées à des meubles, si précieux qu'ils soient, seraient-ils en or ou en diamant !

Lorsqu'une personne se trouve malheureusement dans une pièce élevée et enveloppée par les flammes ou sur le point de l'être, et que des infirmités ne lui permettent pas de se soustraire elle seule ; si un homme fort, courageux et dévoué, privé d'appareil contre l'asphyxie de la fumée tente cet acte d'héroïsme et de sublime humanité, il devra tremper fortement dans l'eau une ou deux couvertures en laine, à leur défaut, en coton et au besoin en piqué, ou quatre à six draps de lit, ainsi que ses vêtements ; s'envelopper le corps et la tête en formant un capuchon qui devra avancer de manière à ne laisser que la vue et la respiration découvertes; ce vide sera bouché à distance convenable par un foulard ou mouchoir en soie doublé et mouillé, placé devant et fixé par les extrémités derrière la tête au dessous du capuchon.

Il prendra avec lui, une ou deux couvertures mouillées pour envelopper la personne en péril, si la nécessité en est reconnue. Admettant la personne dans une pièce au deuxième étage (c'est le plus élevé que l'on rencontre à la campagne), si une échelle ne peut y atteindre, on en solidifiera deux au bout l'une de l'autre; de cette manière le sauvetage sera facile et prompt.

Pendant le temps de ces préparatifs, les

pompiers et travailleurs, se hâteront de lancer de l'eau sur tous les points accessibles de son passage, sans cesser pendant son glorieux voyage, pour le lui rendre plus praticable et moins périlleux.

Si la personne placée dans cette position perplexe est ingambe, elle ne doit nullement s'effrayer; au contraire, elle doit s'armer de courage et garder son sang-froid; sans hésitation, se préparer comme il vient d'être dit, par tous les moyens dont elle pourra disposer.

Faute de couvertures, de draps de lit et d'eau, prendre d'autres linges, des vins, des vinaigres ou autres liquides incombustibles en son pouvoir. Ces dispositions prises, se mettre incontinent et résolument en marche pour se sauver du danger dont on est menacé, en suivant le passage le plus facile, le plus court, s'il est possible, mais toujours le moins dangereux.

Si la personne est obligée de passer à travers des flammes ou un air suffoquant par un sol uni, elle les traversera en marchant en arrière ; si, au contraire, le chemin est raboteux et qu'elle soit obligée de le regarder, elle placera devant sa figure une main et l'avant-bras enveloppé d'un gros paquet de linge en laine ou autres tissus extrêmement mouillés qu'elle tiendra continuellement à distance seulement suffisante pour voir son chemin et pouvoir respirer librement ; tout en ayant, dans ce moment de danger, grand soin de retenir sa respiration autant qu'il sera en elle de le faire, car si elle pouvait traverser les flammes sans respirer, le danger serait presque nul ! Puis, dans les passages moins dangereux, elle marchera en tournant sa tête de côté, de manière qu'elle voie son chemin et que le bord du capuchon empêche la chaleur de frapper directement devant son visage; cette méthode de tourner aux flammes, tantôt un côté du capuchon, tantôt l'autre, a le double avantage de lui conserver son humidité beaucoup plus longtemps, et de rendre l'asphyxie, non pas impossible, mais beaucoup plus difficile.

L'espace, en pareil cas, doit être franchi avec prudence et célérité, sans s'arrêter devant un danger souvent imaginaire; dans cette position, la moindre hésitation donne des idées sinistres qui effraient, grossissent et aggravent le péril. Il faut marcher hardiment et ne jamais s'arrêter; on se détourne devant un obstacle invincible, mais on ne s'arrête pas!

XVII. Dispositions à prendre aussitôt qu'un feu se déclare dans un village.

Les autorités doivent :

1° Faire immédiatement sonner le tocsin ou battre la caisse ; envoyer des hommes vigilants et dispos pour informer les habitants des villages voisins du fléau qu'ils ont à combattre et les prier de venir à leur secours.

2° Veiller à ce que leurs administrés, dont les habitations ne sont pas exposées, mettent à la disposition des sapeurs leurs vases et autres objets propices pour combattre l'incendie.

3° Veiller à ce que tout le monde travaille activement, expulser impitoyablement les curieux et les paresseux qui, malgré leur invitation sympathique et bienveillante, auraient la lâche inhumanité de ne pas s'intéresser au sort de leurs frères infortunés, ceux-là ne servent qu'à embarrasser la circulation des travailleurs et à donner un triste exemple. Point de pitié, point d'égard pour ces hommes sans entrailles et sans cœur.

4° Veiller à ce que les pompiers et travailleurs soient chacun à son poste, s'occupent avec zèle, ardeur, ordre et ensemble, ainsi que les habitants et les étrangers, afin de pouvoir rendre un compte exact et impartial de la bonne ou mauvaise conduite de tous.

5° Enfin, les autorités des communes voisines, revêtues de leurs marques distinctives, veilleront également à ce que leurs administrés travaillent avec courage, ordre et ensemble. Elles rendront compte aux autorités locales de ceux des leurs qui se seront fait remarquer par des actes louables ou blâmables.

6° La surveillance des voleurs est dévolue aux soins de tous les honnêtes gens, qui doivent les signaler sans pitié, aussitôt qu'il les ont vus consommer un larcin.

Les pompiers doivent :

1° Se rendre en toute hâte sur le lieu du sinistre, revêtus d'au moins une ceinture indiquant leurs qualités et leurs grades.

2° Répandre l'alarme sur tous leurs passages; s'il est nuit, que les habitants soient couchés, frapper fortement aux portes et fenêtres de ceux qui n'auraient pas de lumière, en les informant du feu.

3° Un ou deux s'occuperont incessamment à établir la chaîne, d'autres à faire sortir des maisons le matériel à incendie, placer les cuves, cuviers, tonneaux et autres vases, autour de celle où sera le feu, sur les points les plus convenables ; dresser les échelles contre les toits et en coucher d'autres dessus ; faire les mêmes préparatifs à toutes les habitations exposées, d'après leurs positions, les matériaux dont elles sont construites et le vent qui soufflera alors.

4° Ces dispositions doivent être prises pour toutes les maisons situées devant le vent, surtout s'il est fort; même sur celles qui sont derrière, à une distance qui laisserait des craintes dans le cas d'un brusque retour de l'air, car il a toujours des retours plus ou moins dangereux, suivant sa force. S'il n'existe pas de vent, garantir seulement celle où est le feu, mais observer attentivement, pour les autres, les ondulations du vent, qui peut rester calme ou s'élever furieux tout à coup, au moment qu'on s'y attendrait le moins, transporter les flammes et les charbons sur les habitations placées devant lui.

5° Ces préparatifs activement dirigés et exécutés seront terminés, ou à peu près, quand les chefs des pompiers auront fini la reconnaissance du feu. Tout étant prêt, avec des hommes habiles, si l'incendie n'est qu'ordinaire, au premier commandement il sera étouffé.

6o Si c'est un feu de rez-de chaussée ou de premier étage, comme cela arrive presque toujours à la campagne, il sera inutile de s'occuper des maisons voisines ; car, dans ce cas, en s'occupant activement et uniquement du sinistre, il sera annihilé presque aussitôt que reconnu.

XVIII. Reconnaissance du feu et de ses dépendances.

Aussitôt que les chefs des pompiers, ou en leur absence les pompiers, arrivent sur le théâtre d'un incendie, ils doivent s'informer près des personnes qui habitent la maison où est le feu, quelles sont les matières qui sont en combustion, et quelles sont celles qui les entourent.

Si les habitants sont absents, que les portes et fenêtres soient fermées, se hâter d'enfoncer la fenêtre d'une pièce voisine à celle où existe le feu; tâcher, par tous les moyens possibles, d'apprécier l'intensité du sinistre, le temps approximatif qu'il mettra à consumer la totalité ou une partie de ce qui l'entoure (boiseries, portes, plafonds, etc...), pour sortir de son foyer et étendre ses ravages ainsi que sa force; enfin, le temps qui serait nécessaire pour l'étouffer. Ces renseignements sont d'une très grande utilité pour diriger les secours avec assurance et chance de succès; si l'on en est privé, c'est un malheur, mais il ne faut jamais hésiter de l'attaquer, d'après les circonstances et les forces dont on peut disposer.

XIX. Conduite à suivre aux environs des lieux incendiés.

Les alentours d'un incendie ne doivent être occupés que par les pompiers, sauf à eux d'y faire arriver des travailleurs de leur choix, s'ils en reconnaissent la nécessité. Cette formalité doit être rigoureusement observée pour plusieurs motifs importants.

1° Eux seuls étant chargés de diriger les secours, de veiller à la garde des objets sauvés des flammes, et spécialement d'arrêter et d'étouffer le feu, doivent mettre toute leur sollicitude à la direction des secours, la conservation des objets, et avoir constamment un œil attentif et vigilant sur l'ensemble de l'incendie, afin de reconnaître les points vulnérables, où le feu menacerait de se frayer un passage pour augmenter sa force et étendre ses ravages ; y faire porter immédiatement les secours convenables pour l'arrêter, le refouler et l'étouffer.

2° Veiller, non moins attentivement, sur les habitations voisines; et, en cas de danger les faire garantir par des secours actifs et conformes aux circonstances.

3° Enfin, les curieux n'étant, pour la plupart, que des paresseux qui occuperaient les lieux indispensables à la circulation des secours, gêneraient déplorablement les travailleurs, et ne pourraient qu'amener des perturbations funestes; il est donc indispensable de les éloigner du sinistre, sans pitié; celui qui ne veut pas travailler dans un incendie, doit rester chez lui, il ne scandalisera personne.

XX. Manière d'établir avantageusement la chaîne, son utilité.

Il faut, autant que possible, en formant la chaine, placer les personnes fortes sur la ligne qui transmet les seaux pleins d'eau, et les moins fortes sur celle qui les retourne lorsqu'ils sont vides.

Les distancer convenablement, de manière à ce qu'elles aient leurs mouvements libres; c'est-à-dire, à un mètre vingt centimètres, l'une de l'autre.

La bonne direction de la chaîne, dans un incendie, est de la plus haute importance; sans eau ou autres liquides, il n'est pas possible d'éteindre un feu autrement qu'avec des fumiers, des sables, des terres humides et d'autres matières analogues. Or, souvent, la difficulté de se les procurer ne permet pas d'espérer de les recevoir en temps utile.

Les directeurs de la chaîne doivent donc être très attentifs et très impartiaux pour faire distribuer de l'eau sur tous les points exposés aux flammes, à ceux qui n'ont que des arrosoirs pour se défendre, comme à ceux qui ont des pompes, chacun en proportion de leurs besoins.

XXI. Qui doit, dans les incendies ruraux, être chargé de la direction des pompes, de celle des travailleurs et de la police.

Direction des pompes et des secours. Le bon sens seul indique surabondamment, que ce sont les pompiers de la localité (j'entends par pompiers de la localité tous ceux de la commune), qui doivent être chargés de cette mission délicate et difficile, comme étant plus particulièrement intéressés au succès de l'entreprise, que ceux du dehors; mais, je ne puis trop répéter que leur devoir le plus sacré leur impose l'obligation de ne s'occuper que de l'intérêt général. Riches ou pauvres, amis, parents, ou ennemis, point de préférence pour personne; l'ombre seulement, dans ce moment solennel, d'une faveur ou d'une partialité, quoique légère, indisposerait toujours les gens de bien, amènerait indubitablement un désordre ou un conflit entre les intéressés qui aurait, très probablement, les conséquences les plus funestes ; lesquelles ne seraient dues qu'à un chef indigne ou tout au moins incapable ; tandis qu'en dirigeant les secours et les travailleurs équitablement, dans l'intérêt général, pour le bien de tous, pompiers et travailleurs seront satisfaits, travailleront avec ardeur, courage et ensemble, seul moyen de s'assurer d'heureux et prompts résultats.

Le chef qui commande et dirige les pompiers et les secours, doit recevoir les renseignements que croient devoir lui transmettre les pompiers et les autorités pendant l'action, sur les progrès ou la diminution de l'intensité du feu, mais il ne reçoit de conseil de personne qu'à titre de renseignement.

Lorsque les travailleurs des communes

voisines arriveront sur le lieu d'un sinistre, c'est aux pompiers de la localité à les diriger et placer sur les points où leur présence est le plus nécessaire. Là, leurs pompiers les feront agir d'après les ordres reçus et en conformité des circonstances.

La police doit être exercée concurremment entre les pompiers et les administrateurs de la commune; mais ces derniers doivent s'en occuper d'une manière plus spéciale et être revêtus de leurs insignes, pour ne pas être confondus avec les simples particuliers.

La police et la direction du matériel et des secours, doivent appartenir, exclusivement aux pompiers.

XXII. Points de ralliement pour les pompiers et les Autorités.

Tous les hommes de sens comprendront que dans une commune populeuse de la campagne, ou lorsque les habitations seront disséminées, il est indispensable, dans l'intérêt du service, que les chefs des pompiers et les autorités locales aient un point préfixé, pour se réunir dans les moments d'un sinistre, afin de conférer et s'entendre sur ce qu'il convient de faire conformément aux circonstances.

C'est à eux de désigner, par avance, un point de réunion, en cas de feu, dans chaque quartier de la localité, de cette façon, ils ne seront jamais en défaut à ce sujet.

XXIII. Nomenclature des objets dont on se sert pour éteindre les incendies dans les villes et de ceux indispensables pour les campagnes.

Le matériel dont on se sert pour combattre et éteindre les incendies dans les villes se compose généralement de :

Pompes,

Chariots à flèches,

Chariots à limonières,

Chariots à bras,

Boyaux de pompes,

Tuyaux d'aspiration,

Raccords,

Tamis,

Lances,

Seaux à incendies,

Sacs à seaux,

Sacs de sauvetage,

Echelle de sauvetage,

Haches,

Cordages,

Harpons,

Rateaux en fer,

Leviers,

Flambeaux,

Chapeaux couverts,

Perches à croissant,

Eponges à main,

Eponges à perches,

Appareil Paulin contre l'asphyxie, perfectionné par M. de Lacondamine, commandant des sapeurs pompiers de la ville de Paris, Manomètre, etc.

Il existe, en outre, dans les grandes cités, un autre matériel, uniquement destiné à combattre les feux de théâtres, duquel je ne parle ici que pour mémoire.

— Objets indispensables pour combattre et étouffer les incendies à la campagne et d'un prix à la portée de tous.

1° *Pompes à incendie.* Peu de communes rurales peuvent en faire l'acquisition ainsi que de son matériel et subvenir aux frais de l'entretien du tout, avec leurs seules ressources qui, souvent, sont trop restreintes pour atteindre ce but; mais celles qui peuvent se procurer et entretenir convenablement cette grande ressource pour les cas de besoin, agissent sagement en en faisant l'achat qui leur procurera la double satisfaction de l'avoir chez eux pour un cas de malheur, et pour porter. à l'occasion, un secours efficace à leurs voisins, moins fortunés qu'eux.

Parmi les communes qui ne peuvent se prémunir d'une pompe avec ses agrès, il n'y en a pas une seule qui ne puisse se procurer au moins les objets indispensables, d'une importance reconnue, à l'aide desquels on peut combattre avantageusement la presque totalité des incendies de la campagne. Je donne ci-après, la dénomination de ces objets, et signale aux lecteurs une partie de leur utilité.

1° *Seaux à incendie.* Dans les pays vignobles, les habitants en sont abondamment pourvus, ils n'auront aucune dépense à faire pour ce chef. Dans ceux où l'on ne cultive pas la vigne, tous les habitants ont leurs seaux pour l'eau nécessaire à leur consommation journalière; il n'y aurait, tout au plus, que quelques propriétaires de bâtiments qui se trouveraient dans l'obligation de s'en procurer quelques uns pour être convenablement approvisionnés.

2° *Cuves, cuviers, tonneaux, etc.* Les pays de vignobles n'en sont pas moins abondamment pourvus que des seaux plus haut cités. Dans les pays de labourage, où l'on ne cultive pas la vigne, les habitants ont, pour la plupart, des cuviers à lessives, des tines pour porter l'eau et une multitude d'autres vases; il n'y aurait également que quelques propriétaires qui se trouveraient dans la nécessité de se procurer au moins un cuvier pour chaque maison.

3o *Echelles.* Tous les propriétaires en ont ordinairement plusieurs chacun, qui leur sont indispensables pour leurs besoins journaliers, tous comprendront l'immense importance d'en avoir pour chaque maison, proportionnellement à ses dimensions. Il en faut une, deux, trois, quatre, tout au plus, pour monter du sol sur un toit et autant pour les coucher du bas en haut du couvert ; les solidifier au moyen de crochets en fer, placés à ce sujet au bas des chevrons destinés à les recevoir et à les soutenir, ou, suivant la construction des bâtiments, et les habitudes de la localité.

Ces échelles ainsi distribuées, seront autant de chemins sûrs et faciles, pour transporter l'eau et les matières nécessaires, jusqu'au sommet des habitations; elle ne serviront pas moins avantageusement pour écarter les fourrages et pour les mouiller activement en toute sécurité.

Ces dispositions habilement exécutées, se hâter de monter au faîte, avec des arrosoirs et des seaux pleins d'eau, pour mouiller les fourrages au fur et à mesure qu'on les écartera entre les échelles. Cela fait, tourner les échelles sur le côté, pendant qu'on garnira de fourrages le lit où elles étaient couchées. Ce versant garanti, on les transportera sur l'autre versant, pour le garantir de la même manière; sauf le cas où l'on sera muni d'échelles pour les deux versants; alors, les deux seraient sauvegardés ensemble; et, dans la généralité des cas, un homme seul pourra, du faîte du bâtiment, avec un arrosoir et l'eau nécessaire, garantir toute la toiture.

4° *Arrosoirs à jardin.* Il faut qu'ils aient deux pommes, une à orifices ordinaires pour l'eau et une à orifices un peu plus évasés pour les eaux bourbeuses, bouillies, etc. Bon nombre de particuliers de la campagne, en ont déjà pour leur usage personnel ; il doit y en avoir un ou deux par maison en cas d'incendie. Les propriétaires qui n'en ont pas la quantité voulue, reconnaissant leur utilité, comme elle est démontrée dans cet ouvrage, se hâteront sans doute de s'en procurer.

5° *Escabeaux, leurs formes, leur utilité.* Qui dit escabeau, dit deux échelles liées ensemble et appuyées dans le haut, l'une contre l'autre pour se soutenir mutuellement dans les lieux où il n'y a rien pour leur servir de point d'appui.

Ces échelles doivent être fortes, avoir à la

base de un mètre vingt centimètres à un mètre quarante centimètres de largeur ; au sommet soixante-dix à quatre-vingts centimètres, dans cette dernière partie, au lieu de joindre les deux échelles à l'extrémité supérieure, comme le sont celles des escabeaux des magasins, on devra les distancer de cinquante à soixante centimètres au moyen de deux traverses en bois, ou deux branches en fer qui se plieront sur elles-mêmes comme les ressorts placés sur les côtés des soufflets de cabriolets, dont tout le monde connaît la structure. De cette manière, on pourra placer solidement une table au dessus, mesurant un mètre carré environ, destinée à recevoir les fourrages qu'on voudra pousser par le dessus des enceintes des portes et des fenêtres, dans les pièces ou chambres fortement embrasées, où l'on craindrait qu'il existe quelque courant d'air etc., pour noyer et étouffer le feu plus activement. On devra mettre sur le côté de l'escabeau, un étançon solide pour empêcher qu'il vacille ou se renverse.

Au moyen de ce nouveau système, deux hommes monteront sur chacune des échelles, pour pousser dans la pièce désignée les fourrages que d'autres personnes déposeront sur la table fixée au sommet de l'escabeau pour les recevoir ; par ces procédés faciles, la pièce embrasée sera promptement remplie de matières ; le feu complétement éteint.

6. *Rateaux et fourches en fer.* Ce rateau doit avoir quatre ou cinq dents en fer, de la longueur de douze à quinze centimètres de la force nécessaire aux fonctions auxquelles il est destiné; il peut servir aussi utilement de fourche, en plaçant sur le dos de ses dents un ou deux fourchons en fer de la longueur et de

la force jugées nécessaires et avançant directement en relevant les pointes suffisamment pour servir à repousser les objets que l'on ne veut ou que l'on ne peut attirer à soi. Ce rateau et cette fourche doivent avoir une longue et solide douille pour être fortement adaptée au bout d'une perche en bois dur, de longueur proportionnée aux besoins.

Ce rateau est d'une ressource éminemment avantageuse, pour tirer en bas, sans s'exposer aux flammes, la couverture et les lattis d'une maison, et tous les objets dont la chaleur ne permettrait pas d'en approcher d'assez près pour les soustraire au feu, sans ce stratagème.

La fourche n'est pas moins utile pour refouler et éloigner ce qu'on ne peut attirer à soi.

Les propriétaires aisés et intelligents, reconnaissant la triple utilité de cet objet et l'exiguité de son prix, s'empresseront de s'en procurer.

7° *Clefs en fer, pour retirer les chevrons des toitures.*

Elle a la forme d'un passe-partout, le petit crochet est mobile avec une vis pour le fixer de manière à pouvoir envelopper et serrer, indistinctement les petits comme les gros chevrons, ayant des dents de scie pour s'imprégner dans le bois et ne jamais lâcher prise ; la branche du bout doit avoir, à l'autre extrémité, une douille à large orifice pour recevoir un levier en bois de grosseur et longueur suffisantes pour qu'un homme puisse commodément tourner sur le côté un chevron quelconque ; par ce système ils seront décrochés et glisseront seuls immédiatement en bas.

8° *Réservoirs d'eau.* Les communes rurales déshéritées de la quantité d'eau suffisante à leurs besoins, doivent se créer des réservoirs pour leur utilité quotidienne, pour les moments de grande sécheresse et pour les cas d'incendie. Elles pourraient en construire à peu de frais : il suffirait pour cela d'obliger les propriétaires de bâtiments de contribuer à la dépense, suivant la valeur de leurs propriétés bâties, ainsi qu'au creusement des trous et transports des matériaux sur place, comme on le fait pour les contributions foncières ; en sorte qu'il n'y aurait à payer que les journées des ouvriers qui feraient les murs des réservoirs, dépense extrêmement minime comparativement aux services qu'ils rendraient en maintes circonstances difficiles à traverser sans leur secours.

En n'obligeant les propriétaires à n'exécuter

ces travaux que dans la morte saison, ils en seraient très peu gênés, et ils occuperaient utilement les malheureux qui ne savent que faire pour vivre dans ces moments de chômage.

Avec les objets qui précèdent, qu'il est facile aux habitants des champs de confectionner en partie par eux-mêmes, et dont le surplus est d'un prix à la portée de tous, des hommes exercés et intelligents, quoique privés du secours des pompes, pourront néanmoins combattre, noyer et étouffer promptement la généralité des incendies ruraux.

XXIV. Nouveaux et avantageux systèmes d'attaquer et paralyser les incendies, spécialement à la campagne.

Tous les grands savants, les physiciens, les chefs des sapeurs-pompiers et autres, tous éminemment experts sur la matière qui nous occupe, sont unanimes à reconnaître que le grand levier, le moyen le plus efficace, le plus prompt pour annihiler un incendie. c'est de le priver de tout contact avec l'air. Ce moyen qui tue même les êtres vivants presque instantanément, a été reconnu et signalé depuis longtemps, mais les matières nécessaires pour le mettre à exécution sont restées ignorées jusqu'à ce jour.

Après vingt-cinq années de recherches laborieuses, je crois fermement y être parvenu, aussi suis-je heureux de les offrir à la société avec la méthode de les employer avantageusement.

Etouffer un incendie, c'est l'anéantir complétement, ce fait ne peut être révoqué en doute, c'est incontestable ! Or, le foyer de la presque totalité des incendies ruraux (7 sur 8 au moins) prend naissance aux rez-de-chaussées. Avec les systèmes et les matières que j'indique dans cet ouvrage, des pompiers intelligents l'étoufferont toujours en quelques minutes.

Dans les autres cas, bien moins nombreux, rarement ils laisseront sortir le feu de son foyer originaire, quelle que soit sa précipitation et son intensité.

Attaquer un feu. Il faut l'attaquer avec une impétuosité égale à la sienne, plus forte même s'il est possible, s'attacher spécialement et constamment à le comprimer et à l'étouffer, tous les secours dont on peut disposer doivent tendre à ce but; c'est par ces combinaisons faciles, dont la puissance est reconnue que l'on obtiendra des succès satisfaisants et inespérés.

Comme l'attaque des feux contribue pour beaucoup à leur extinction, j'assigne à chacun un principe spécial bien circonstancié, sauf aux pompiers à faire, avec intelligence et discernement, les changements que, dans chaque cas particulier, ils jugeront utiles et indispensables.

Avec ces nouveaux moyens de défense, sauf les feux de combles, qui ne peuvent être que le résultat d'un crime, tous les autres, quels qu'ils soient, seront toujours immédiatement étouffés et noyés dans leur foyer.

XXV. Des matières et moyens nouveaux pour éteindre très promptement toutes espèces d'incendies.

Les matières les plus avantageuses, les plus efficaces et les plus abondantes pour étouffer et noyer un incendie sont (à l'exception de l'eau et autres liquides connus de tous) les regains, foins, pailles et autres fourrages, particulièrement le poussi de toutes espèces de fourrages, lorsqu'il est bien mouillé ; les herces, fumiers, sciures mouillées, sables, terres humides et toutes autres matières analogues; ces substances sont les moyens par excellence.

Le lecteur trouvera dans les chapitres ultérieurs, quels sont les cas particuliers où ces matières sont plus avantageusement employées; néanmoins, comme les circonstances varient à l'infini, les pompiers, qui dirigent les secours et les travailleurs, devront employer avec discernement celles de ces matières qu'ils jugeront convenir, suivant les particularités du sinistre.

Manières d'employer ces matières dans les incendies.

Il est impossible de les développer et de les rendre compréhensibles pour tous, sans supposer toutes les espèces d'incendies connus, indiquer clairement la manière de les attaquer combattre et annihiler chacun dans son espèce, et les matières qu'il convient d'employer dans chaque cas particulier.

Or les incendies doivent être divisés, d'abord, en feux des villes et feux des campagnes; c'est de ces derniers que je m'occupe spécialement. Je vais traiter successivement des sinistres qui arrivent dans chaque partie des bâtiments, qu'ils soient situés à la ville ou à la campagne, en ayant soin d'expliquer les différences quand j'en reconnaîtrai l'utilité; en conséquence je commencerai par le bas et je finirai par le haut des bâtiments.

1° FEUX DE CAVES.

Aussitôt qu'un feu de cave se manifeste, que la reconnaissance en est faite ; se hâter de fermer tous les courants d'air, grands et petits, avec des fourrages qu'on mouillera comme du fumier, afin de pouvoir les serrer solidement pour fermer hermétiquement.

Si la voûte est en pierre, sur la solidité de laquelle on puisse compter en toute confiance, il n'y a pas à s'en occuper ; dans ce cas, il suffira de boucher aussi hermétiquement que possible, tous les courants d'air; après quoi, il s'étouffera seul et en très peu de temps.

Si, au contraire, c'est une voûte en bois, avec ou sans terrasse qui, tout en paraissant solide, puisse laisser des craintes ou des doutes sur son plus ou moins de résistance, il n'y a pas à hésiter une minute, il faut incessamment la couvrir abondamment de fourrages, en placer en même quantité sur les côtés, aux extrémités, en un mot, sur tous les points où l'on en reconnaîtra le besoin, pour étouffer le feu comme dans un four.

Si la cave contient quantité de substances inflammables, et pour comble de malheur, très difficiles à éteindre, tels qu'alcools, huiles, essences, résines, etc., si enfin, par surcroît de fatalité, sa voûte est un simple

BIBLIOTHÈQUE NATIONALE R.F. IMPRIMÉS

plancher, avec une légère terrasse dessus ; ces circonstances agravantes sont terribles, il paraît de toute impossibilité de pouvoir, dans une position aussi périlleuse, dompter la fureur du feu.

Cette position qui serait évidemment désespérante et insoutenable, en opérant par les moyens connus et usités jusqu'à ce jour ; avec les matières et moyens que j'indique, ne le sera guère plus que les précédentes ! Il suffira d'envelopper activement cette cave comme la précédente, et le feu n'y sera ni plus ni moins bien paralysé et étouffé !

Admettant même que, la voûte étant presque consumée, le poids des fourrages mouillés active sa chute, ces mêmes fourrages l'affaisseront sur elle-même et comprimeront l'air et le feu ; alors on continuera à jeter des fourrages pour combler le vide, qu'elle aura fait et l'on mouillera pour noyer le tout, jusqu'à ce que l'ombre du danger n'existe plus.

Faisant une hypothèse différente qui, à mes yeux, est plus dangereuse encore ; c'est lorsqu'on penserait qu'il existe quelques petits courants d'air, cas extrêmement rare qui ne se produira peut-être jamais, mais supposable: alors on passera les lances des pompes à travers les matières garnissant les embrasures des portes, des fenêtres, des larmiers, des œils de bœuf, etc., pour lancer l'eau sur tous les points, le noyer promptement et cela, sans ouvrir le plus petit courant d'air.

Admettant encore que l'on soit privé du secours des pompes, cas que je dois supposer, cette position très embarrassante, très inquiétante, qui paraît ne laisser aucun espoir d'en sortir, n'offrira rien d'impossible aux pompiers exercés et intelligents ; ils sauront que le feu est presque entièrement étouffé, qu'il ne pourrait redevenir dangereux que dans le cas seulement où on lui donnerait le temps d'agrandir, à la longue, les petits courants d'air qui le vivifient. Dans cette position, ils feront déposer immédiatement des fourrages devant les embrasures des portes, fenêtres, etc., les mouilleront autant que possible et en empliront la cave, par la méthode indiquée pour les rez-de-chaussée. Les fourrages ainsi mouillés, noyeront et étoufferont complètement l'incendie.

Si la cave était d'une longueur extraordinaire, on emmancherait de petites fourches au bout de perches de longueur suffisante, pour les pousser d'une extrémité à l'autre : par ces procédés aussi simples que praticables, on ne verra rien d'impossible et le feu sera promptement anéanti.

XXVI. FEUX DE REZ-DE-CHAUSSÉES.

Dès que l'on reconnaît que le feu existe dans une pièce du rez-de-chaussée, s'il est encore facile à étouffer, il faut tremper dans l'eau, des couvertures, des draps de lit ou autres linges et les jeter dessus pour l'étouffer sur le champ en continuant de mouiller ; si l'on est privé de linge, le noyer avec de l'eau. Mais si l'on pense que la force qu'il a acquise ne permet pas de l'éteindre par ces procédés, que l'on craigne qu'en faisant l'une ou l'autre de ces opérations, l'air qu'on sera forcé de livrer au feu en ouvrant, soit une porte, soit une fenêtre, expose le moins du monde à des conséquences compromettantes et funestes ; il n'y a pas à balancer un moment; car, en affaires d'incendies, il faut qu'en voyant le feu, la combinaison des moyens les plus prompts, les plus efficaces pour le noyer et l'étouffer, soit aussitôt conçue.

Il faut donc, en pareille occurrence, se hâter de presser des fourrages humides dans toutes les enceintes des portes et fenêtres; quand celles-ci fondraient ou sauteraient en éclats, l'air ne pourrait plus passer par ces ouvertures pour alimenter et grandir le feu qui se trouverait déjà en partie étouffé.

En plaçant ces fourrages, on devra les incliner du côté de la pièce embrasée, afin que l'eau qui en découlera se répande sur le plancher, pour noyer le feu qu'elle y trouvera et entretenir une humidité très avantageuse pour toute la chambre.

Pendant ce temps, d'autres personnes garniront le dessus, les côtés et les extrémités de la pièce, avec de mêmes préservatifs et en quantité suffisante pour ne laisser aucun passage à l'air, de manière à ce que le feu soit étouffé comme dans un puits hermétiquement bouché.

Des personnes habiles et en petit nombre, exécuteront ces prescriptions en quelques minutes. Cela fait, il ne restera qu'à garder à vue le foyer avec les matières nécessaires, pour boucher quelques petits soufflets qui pourraient se former, par la force de la vapeur, soit à travers les fourrages placés aux embrasures, soit sur d'autres points vulnérables ; jusqu'à ce qu'il n'y ait plus l'ombre de danger.

Dans le cas où l'on penserait qu'il existe de petits courants d'air, ou que la pièce étant fortement embrasée, il a pu s'en créer sur les points les plus faibles et qu'il n'est pas possible de reconnaître leurs passages; alors on placera des escabeaux, à leur défaut, des tables, des tonneaux debout, des chaises, etc., près des enceintes des portes et fenêtres garnies de fourrages ; les hommes les plus vigoureux monteront sur les escabeaux qui devront être surmontés de tables pour recevoir les fourrages mouillés que d'autres personnes placeront dessus, depuis le bas, avec des fourches, puis les hommes placés sur les escabeaux les pousseront dans l'intérieur de la pièce embrasée, en les faisant passer sur ceux qui sont placés aux embrasures, tout en ayant grand soin de ne jamais livrer de passage à l'air; c'est-à-dire que, les premiers fourrages poussés jusqu'au milieu de leur passage, on en prendra d'autres avec lesquels on poussera les premiers jusque dans la pièce, ainsi de suite : par ce procédé, de la plus grande facilité, l'entrée des matières dans la chambre se fera activement, sans interruption par les portes et par les fenêtres, elle sera presque immédiatement jonchée de matières, partant, le feu sera presque immédiatement étouffé et submergé; attendu que peudant ce temps on fera répandre de l'eau sur tous les points où l'on en reconnaîtra l'utilité.

Par cette méthode, si les secours sont bien dirigés, les pièces contiguës à celle où sera le feu, n'auront même rien à redouter.

XXVII. FEUX D'ÉTAGES OU DE CHAMBRES.

A la ville comme à la campagne, ils sont terribles partout! Pour les dompter habilement et avantageusement à la campagne, il faut les attaquer en tout point et sur tous les points, comme les feux de rez-de-chaussée ; avec ce système, admettant même que la pièce où est le feu soit complétement construite en bois, si les secours sont bien et activement dirigés, en quelques minutes il sera étouffé et noyé complètement.

Il n'en est malheureusement pas ainsi des feux d'étages dans les villes, où ils sont extrêmement dangereux et souvent fort difficiles à éteindre ; témoins une multitude de sinistres de ce genre, parmi lesquels je signalerai seulement, celui arrivé si déplorablement à la recette générale de Lyon, le premier avril mil huit cent cinquante et un, dont le journal (le Courrier de Lyon) évalue les dommages causés par les flammes, en maison, mobiliers et valeurs compris, à environ cinq millions ; sans compter, bien entendu, la vie des infortunés qui sont restés dans le feu, victimes de leur courage et de leur dévouement, ni les personnes plus ou moins grièvement blessées.

Néanmoins, il s'est très heureusement trouvé sur les lieux, des chefs de pompiers habiles et de nombreux travailleurs, pour porter des secours efficaces sur tous les points; sans quoi, les pertes de tous genres, les malheurs de toutes espèces et les regrets seraient plus grands encore, peut-être beaucoup plus grands.

J'ai lu dans le journal l'*Estafette* du 3 avril, dans son compte rendu de ce déplorable incendie, que les flammes sortaient par les embrasures de six fenêtres de six pièces différentes, toutes au quatrième étage.

Pour rendre mon système plus compréhensible dans l'espèce, je vais me supposer devant cet effroyable feu, qui est encore dans la mémoire de tous, et essayer de démontrer qu'en employant, en pareil cas, les moyens nouveaux que j'indique dans cette brochure, avec des hommes exercés pour en faire usage, comme nos pompiers le sont pour faire usage des pompes ; en quelques minutes, ces pompiers habiles et vigoureux, auraient pu l'étouffer et noyer complétement, au quatrième étage, son foyer primitif et sans qu'il pût en sortir.

En effet, je suppose que le feu se trouve dans six pièces de file situées au quatrième étage; disons-le tout d'abord, c'est un incendie bien extraordinaire !

Eh! bien comment pourra-t-il prendre naissance? Ce n'est évidemment que sur les planchers, où il aura été projeté depuis l'âtre ; or, avant qu'il soit arrivé au plafond et qu'il l'ait traversé, il lui faudra incontestablement plusieurs heures pendant lesquelles, soit de jour, soit de nuit, il sera bientôt découvert. En effet, si c'est pendant la nuit, l'odeur fétide de la fumée incommodera les habitants de la maison et ils seront ainsi avertis; si c'est le jour, non seulement les habitants de la maison en seront avertis, mais encore la fumée sera aperçue au dehors par le public. Il ne lui sera donc jamais possible d'embraser deux pièces, avant que d'être aperçu. Mais je l'admets dans les six pièces pour commencer à le combattre.

Aussitôt ce feu monstre reconnu, voici les moyens que j'indique pour l'attaquer le combattre et l'annihiler.

Il faut tout à la fois :

1° Monter des cuves, cuviers, tonneaux et autres vases, à côté des portes extérieures des pièces embrasées et des pièces qui sont immédiatement au dessus.

2° Etablir la chaîne dans les escaliers pour emplir les vases d'eau et monter toute celle qui sera nécessaire

3° Si les pompiers sont convaincus qu'en ouvrant les portes, les travailleurs pourront résister à la chaleur des flammes et à l'étouffement de la fumée ; placer les pompes, les charger, ouvrir les portes et lancer incontinent de l'eau sur tous les points ; dans ce cas les pompiers qui dirigent les lances doivent nécessairement être revêtus de l'appareil Paulin contre l'asphyxie, perfectionné par M. de Lacondamine. Mais si les pompiers reconnaissent que les flammes ou la fumée ne permettent pas cette opération, ou s'ils n'ont pas de pompes pour toutes les pièces embrasées, que faire ?..

Placer quatre hommes à chaque embrasure de fenêtre du troisième étage, immédiatement au dessous du feu, même nombre aux fenêtres du deuxième, soit quarante-huit hommes qui, avec des cordes, monteront des fourrages secs depuis le bas; on pourra également en monter par les fenêtres des côtés des deuxième, troisième, quatrième et cinquième étages, avec trente-deux hommes de plus, en tout quatre-vingts hommes, à deux par corde; ils monteront donc d'un seul trait, quarante charges ou paquets de ces matières, que l'on ne peut évaluer à moins de cinquante à quatre-vingts kilogrammes chacune, soit deux à trois mille kilogrammes; quantité suffisante pour emplir trois ou quatre pièces. En quelques minutes ces quatre-vingts hommes monteront facilement les fourrages nécessaires au remplissage des six pièces embrasées, des six au dessous et des six au dessus.

Aussitôt les premiers fourrages montés, les tremper dans l'eau et en fixer devant les embrasures des portes, de la base au sommet; cela fait, entr'ouvrir la porte à peine, pousser les fourrages dans toute l'embrasure, placer un escabeau à côté, sur lequel, deux hommes monteront pour recevoir les fourrages mouillés, d'autres les leur transmettront depuis le bas, pour les lancer dans la pièce embrasée, en les passant entre le dessus de ceux qui garnissent la porte et le couronnement, en ayant soin de ne les pousser du premier jet, que jusqu'à la moitié environ du passage; puis en prendre d'autres avec lesquels on poussera les premiers jusque dans la pièce. Par ce procédé facile, les matières entreront contiuuellement dans la chambre, sans livrer d'air au feu.

Dans cette méthode d'opérer, on trouvera encore l'immense avantage de pouvoir passer la lance de la pompe à travers les matières qui garnissent l'enceinte de la porte et de noyer doublement le feu, sans lui ouvrir le plus petit courant d'air.

Lorsqu'il existe des balcons aux fenêtres, sur lesquels les hommes peuvent monter, il faut se hâter d'y faire placer de l'eau, des fourrages et des hommes qui empliront facilement les embrasures de matières, et le feu sera aussitôt étouffé.

Les pompiers, les travailleurs et le matériel de tous genres, abondant dans toutes nos villes, avec le nouveau système que j'indique, les feux d'étages n'y feront plus de ces grands ravages qui réduisent en cendres des quartiers, et même des villes entières. Je suis profondément convaincu qu'on les étouffera tous dans la pièce où ils prendront naissance, que ce ne sera que par des causes exceptionnelles, bien extraordinaires et bien rares, (la malveillance) qu'on ne peut ni prévoir ni empêcher, qu'ils pourront en atteindre seulement une deuxième; ils seront toujours et facilement étouffés et noyés dans la première.

Cette opération habilement exécutée offre d'autres avantages incalculables; il me suffira de les signaler pour les faire apprécier; surtout par les praticiens.

1° Les pièces embrasées, étant pleines de fourrages mouillés, privent le feu d'air, par là même l'étouffent, le noyent et entretiennent une humidité qui le détruit partout.

2o Des pièces au-dessus s'écoulent lentement les liquides que contiennent les fourrages qui y sont déposés, sur ceux des pièces embrasées et servent puissamment à le noyer entièrement.

3° Enfin, ceux dont sont garnies les pièces au-dessous de celles embrasées, ont le double avantage de porter l'humidité aux planchers de celles-ci et de lui servir d'étançon d'une utilité fort remarquable; car, s'ils venaient à fléchir et s'enfoncer, comme ils ont fait à Lyon et comme ils font souvent, ils s'affaisseraient graduellement sur les fourrages qui les soutiennent déjà, et qui, étant élastiques, les recevraient doucement, sans choc dangereux, les retiendraient et supporteraient facilement, aidés par les planchers de dessous qui auraient conservé toutes leurs forces.

J'arrive maintenant à un incendie ordinaire d'étage, qu'il ait lieu au troisième, quatrième ou cinquième, peu importe, aussitôt qu'on le reconnaît, il faut établir la chaîne dans les escaliers, monter les vases, les escabeaux, les pompes, etc., et l'eau; monter les fourrages par les fenêtres des étages au-dessous et par celles qui sont sur les côtés.

Dans le cas très-rare, dans les villes surtout, où les planchers, les plafonds et les côtés, seraient en bois, il faut placer, de suite, des matières mouillées sur tout le pourtour et les extrémités, pour l'étouffer et noyer sur le champ.

Si les façades sont des murs, que le bas et le dessus soit plafonné, comme il arrive presque toujours dans les villes ; placer des fourrages seulement aux embrasures des portes, fenêtres et autres points vulnérables; passer la lance de la pompe à travers les matières garnissant la porte pour le noyer incessamment sur tous les points.

Si le feu est au premier ou deuxième étage et qu'il n'y ait pas de balcon aux fenêtres, placer des échelles sur les côtés, d'où des hommes lanceront facilement des fourrages dans l'intérieur de la pièce, et pourront, avec la même facilité, en garnir l'enceinte de la fenêtre pour l'étouffer pendant que d'autres, avec une pompe, le noyeront par la porte.

Avec l'emploi de ces moyens, compréhensibles pour tout le monde, je demande à tous les hommes de sens, si jamais un incendie de ce genre, combattu convenablement, pourra sortir du lieu de sa naissance et s'il ne sera pas toujours étouffé dans son berceau?

XXVIII. FEUX DE GRENIERS A FOURRAGES.

Ils sont généralement causés par les fentes ou disjointures des planches des cheminées en bois, des lézardes ou fissures qui se font à la longue dans les murs des cheminées en pierre, maçonnerie, tuf, plâtre, etc., par des fumeurs imprudents, des personnes sans discernement qui voyagent inconsidérément au milieu des fourrages avec des lumières enfermées dans des lanternes en très mauvais état, etc., ces habitudes dangereuses ne sont pas surveillées avec la vigilance que devraient y apporter les autorités locales ; cependant, ces feux sont terribles dans la campagne, où ils causent souvent les plus déplorables désastres ; heureusement qu'ils y sont rares, ils le seraient bien davantage encore si, par une délibération sagement motivée et fidèlement exécutée, les autorités des communes rurales condamnaient à une amende de..... tout propriétaire dans les greniers à fourrages duquel on trouverait une personne ayant une pipe, cigare, cigarette, etc. à la bouche, une lumière dans une lanterne qui ne fermerait pas bien et ne serait pas confectionnée conformément au modèle par eux prescrit, etc.,

Je me plais à espérer qu'aussitôt que les autorités intelligentes et qui s'occupent des intérêts de leurs administrés, auront reconnu l'utilité d'un réglement sur ce point important, elles se hâteront de le rédiger, en délibérer et le faire ponctuellement exécuter.

Aussitôt qu'on s'aperçoit d'un feu dans un grenier à fourrages, il faut immédiatement fermer toutes les issues et boucher tous les trous, grands et petits qui pourraient lui communiquer de l'air.

Il importe de distinguer, si les fourrages engrangés, sont des pailles ou des foins, ces derniers s'enflamment et se consument bien moins rapidement que les premiers, donnent beaucoup plus de fumée et beaucoup moins de flammes, ce qui, pour l'étouffer, est un double avantage qu'il ne faut pas oublier.

Une fois ce feu reconnu, si l'on juge que les flammes ne traverseront pas la toiture avant dix à douze minutes (très souvent, elles resteront une demi-heure et même plus d'une heure, la nature de la couverture et celles des fourrages engrangés y sont pour beaucoup,) on pourra considérer le laps de temps de douze minutes, comme rigoureusement suffisant pour l'étouffer dans la maison sans lui permettre d'en sortir.

S'occuper activement à placer les échelles contre et sur les couverts, à monter sur les toits de l'eau et des fourrages qu'on écartera partout et qu'on mouillera au fur et à mesure, en continuant d'en écarter et mouiller d'autres autant que l'on pourra, jusqu'à ce que les personnes qui seront sur le toit remarquent qu'il menace de s'enfoncer. Alors elles descendront à l'aide des échelles.

La toiture ainsi chargée, l'air ne pouvant la pénétrer, les flammes qui seront en partie paralysées par la privation d'air, la consumeront difficilement ; et, lorsqu'arrivera sa chûte, ces mêmes fourrages l'affaisseront sur elle-même en comprimant l'air et étouffant le feu.

Cette opération habilement exécutée aura en outre, les immenses avantages d'avoir donné le temps nécessaire à préserver de tous dangers les maisons exposées.

Pendant ce temps, si les murs sont trop élevés pour que l'on puisse, depuis le bas, lancer avec des fourches, des fourrages sur le feu après la chute de la toiture ; établir des ponts à la hauteur d'un mètre et plus au dessous du faîte des murs, les charger d'eau et de matières; puis, aussitôt les toitures enfoncées, des hommes placés sur ces ponts s'occuperont vigilamment, les uns à tourner, avec les clefs à ce destinées, les chevrons sur le côté et à les faire glisser en bas, les autres, à lancer avec des fourches, des fourrages sur le feu pour l'éteindre et empêcher les flammes de sortir du foyer, de crainte qu'elles ne portent des charbons allumés hors de là.

Voilà les moyens que j'indique pour attaquer, combattre et étouffer, sans pompe, les feux des greniers à fourrages. Si on a le secours des pompes, on les fera jouer sur les fourrages en passant les lances à travers les matières placées aux embrasures des portes, guichets, lucarnes, ou autres passages afin de n'ouvrir aucun courant d'air; de cette manière les pompes noyeront le feu à sa base, pendant qu'on l'étouffera sur les côtés et dans le dessus avec des fourrages.

Il est facile de comprendre, à la simple lecture des renseignements contenus dans ce chapitre, que, si cette opération est habilement dirigée, elle sera vitement et heureusement terminée.

XXIX. FEUX DE COTÉS.

Il arrive souvent, dans les campagnes, que deux ou plusieurs maisons ne sont séparées les unes des autres que par une distance (appelée vulgairement ruelle) tellement resserrée que quelquefois deux personnes ne peuvent s'y croiser : il faut que l'une d'elles rétrograde pour laisser passer l'autre ; d'autres que, quand deux personnes s'y rencontrent, elles sont obligées de se tourner sur le côté pour pouvoir passer et d'autres enfin, qui n'ont pas plus d'un mètre.

Si un incendie se manifeste dans l'une de ces maisons, toutes celles qui sont distancées de cette manière (c'est ce que l'on appelle un pâté de maisons) sont inévitablement perdues en n'employant que les moyens connus et usités jusqu'à ce jour pour les sauver !... Tandis que, avec les matières et la méthode avantageuse que j'indique dans cet ouvrage pour les employer, que les côtés des maisons soient en murs ou en bois, en très peu de temps on les garantira de tout danger.

Si les côtés sont en pierres de taille ou en maçonnerie, il importe de les préserver des flammes, qui les calcineraient souvent de manière à obliger de reconstruire le mur, si toutefois elles ne le faisaient tomber pendant le feu et n'incendiaient la maison en même temps. En pareille occurrence, il faut immédiatement emplir la ruelle des matières indiquées, telles que fourrages, fumiers, sables, sciures, terres humides, etc.; de toutes un peu, d'une seule, n'importe; de celles qui seront le mieux à proximité, les plus faciles, les plus abondantes, les plus commodes, les moins dispendieuses.

Cette opération, activement et habilement faite, aura le triple avantage que les matières ainsi placées boucheront hermétiquement tous les courants d'air de la façade de la maison embrasée ; rendra les flammes impuissantes à porter aucun préjudice à la façade de sa voisine et des suivantes sur la même ligne ; que deux personnes, tout au plus, placées au faîte de la maison la plus rapprochée de celle embrasée, ayant des arrosoirs à jardin et pourvues de l'eau nécessaire, pourront en mouillant résolument les toitures, braver la furie des flammes, sans qu'elles puissent les atteindre.

La toiture de la maison embrasée étant tombée, on trouvera un quatrième avantage non moins satisfaisant que les précédents : c'est que, du faîte de la maison voisine qu'on aura su conserver, on pourra facilement, avec des fourches, lancer des fourrages bien mouillés, sur les flammes et le brasier de la première, ainsi que de l'eau à pleins seaux ; par ces moyens aussi simples que faciles, en noyant et étouffant le feu de l'une, on diminuera d'autant les dangers de l'autre.

Ces moyens doivent être employés pour toutes les habitations qui n'offriront pas une distance convenable, pour que l'on puisse lancer l'eau librement et placer les travailleurs avantageusement sans les exposer, soit au feu, soit à la chûte des objets qui, en tombant, pourraient les blesser plus ou moins grièvement.

Lorsque la distance qui séparera les maisons, ne permettra pas d'y mettre des fourrages ou autres matières, par la trop grande quantité qu'il en faudrait ; que la façade de la maison voisine de celle où existera le feu, sera en lambrissage, si on a le secours d'une pompe on placera des cuves, cuviers, tonneaux ou autres vases près d'elle, on les emplira d'eau dans laquelle on délayera de la terre glutineuse, autant que possible, pour faire une boue épaisse et grasse qui, étant projetée au moyen d'une pompe contre les murs ou lambrissages s'y tapissera très avantageusement. Au fur et à mesure qu'une couche se dessèchera un peu, on en appliquera une autre par dessus, ainsi de suite ; en peu de temps on formera une espèce de gâteau d'une épaisseur suffisante à résister sûrement à la fureur du feu.

En cas d'absence de terre ou autres matières propres à préparer instantanément un liquide épais, mucilagineux ou glutineux qui se tapisse solidement sur tous les objets, et par cela même soit un puissant préservatif, on fera bien de délayer de la farine de blé froment pour faire de la bouillie. Cette farine contenant beaucoup de gluten, rendra le liquide suffisamment glutineux pour qu'il se colle immédiatement et utilement sur les parois des murs de côté quoique perpendiculaires. En y projetant promptement des couches de ce liquide, au fur et à mesure que la chaleur les dessèchera, on établira facilement un gâteau d'une épaisseur suffisante à pouvoir résister au feu, surtout si l'on a soin de le proportionner à son intensité, en continuant de l'humecter par de nouvelles couches, aussi longtemps que l'on en reconnaîtra la nécessité.

Tous les lecteurs comprendront facilement, je pense, l'immense avantage qu'offrent des liquides, ainsi préparés, surtout lorsqu'il s'agit de feux de côtés ; ils sont incontestablement un préservatif beaucoup plus puissant et beaucoup plus énergique que de l'eau claire.

La farine de blé ne doit être employée que dans le cas d'urgence et quand il n'y a pas possibilité de se procurer d'autres matières ou substances sans valeur, pour les remplacer immédiatement, car d'après les essais que j'en ai faits l'on doit calculer sur un sac de cent-vingt-cinq kilogrammes de farine pour faire environ trois-cents litres de bouillie, suffisamment glutineuse et épaisse pour l'usage mentionné. En pareille occurrence c'est aux pompiers qui sont sur les lieux, chargés de diriger les secours, qu'il appartient d'établir la balance entre les frais et le danger dont on est menacé, pour apprécier ce qu'il importe de faire, suivant les circonstances et dans l'intérêt de tous.

Pour faire usage de bouillie faite, soit avec des terres délayées dans de l'eau, soit avec des farines ou autres matières et substances il est indispensable, pour empêcher qu'il ne s'infiltre des graviers, ou qu'il ne se forme une pâte avec les grumeaux ou globules, soit de farine soit de terre, qui pourraient obstruer les culasses, gêner les mouvements des soupapes, des clapets et des pistons, arrêter la manœuvre et détériorer la pompe par les efforts qu'on ferait pour vaincre la résistance; il est indispensable, dis-je, d'employer la méthode depuis longtemps adoptée à Paris pour l'emploi des eaux bourbeuses, laquelle consiste : A recouvrir les deux côtés de la bâche de tamis en osier, de forme concave, dont les dimensions s'adaptent très bien aux couvertures de cette bâche, ces tamis ainsi placés, on jette l'eau dessus et ils ne laissent rien passer qui puisse nuire aux fonctions d'aucune pièce de tout le mécanisme de la pompe.

Dans les cas où l'on serait privé du secours

des pompes, il ne faudrait pas, pour cela, perdre tout espoir de sortir victorieux de cette position éminemment critique, ni même paraître s'en effrayer ; des hommes monteront sur chaque versant des couverts, munis d'arrosoirs à jardin qu'ils empliront du liquide indiqué, se coucheront sur le bord de la toiture; prendront l'arrosoir et tourneront les jets contre le mur ou la lambrissure en bois qu'ils humecteront promptement du haut en bas; de cette manière l'opération se fera avec d'autant plus de célérité que le liquide répandu dans le dessus coulera lestement jusqu'au bas.

La première couche ainsi faite et légèrement desséchée, on fera avec célérité et discernement la deuxième, ainsi de suite pendant tout le temps que l'on en reconnaîtra la nécessité. Le liquide doit être répandu en quantité suffisantetout en évitant, autant que possible, d'en répandre inutilement, surtout si l'on n'en est pas abondamment pourvu on qu'il soit fait avec des farines.

Si la toiture était en danger de prendre feu, soit par la chaleur des flammes, soit par des charbons incandescents qui seraient portés dessus par le vent, on fera monter d'autres personnes sur le couvert pour garantir les versants pendant tout le temps qu'on en reconnaîtra la nécessité. Des personnes courageuses actives et intelligentes ainsi placées, dompteront aisément le sinistre si ardent qu'il puisse être, si on a soin de ne pas les laisser dépourvues des liquides et des matières indiqués.

Dans le cas bien extraordinaire, qui, je me plais à espérer, n'arrivera jamais, ou du moins que bien rarement, celui où l'on aurait le double malheur d'être privé du secours des pompes et de celui des arrosoirs à jardin, il ne faudrait pas pour ces déplorables fatalités, se désespérer ni même s'en décontenancer; il faudrait, au contraire, faire placer activement et résolument, des hommes sur les bords des versants des toitures de la maison exposée pour répandre des liquides du haut en bas des murs ou lambrissages qui font face au feu, avec des casseroles ou autres vases, les plus commodes et les plus avantageux dans la circonstance; redoubler d'audace, d'énergie et de courage, seuls moyens de rendre promptement impuissants, les efforts ardents de cet impitoyable fléau.

Les terres glutineuses, mucilagineuses, grasses, et les farines, de blé froment, de turquie, d'orge, d'avoine, de sarrasin, etc., devront être employées pour composer ces liquides, toutes les fois que l'on n'aura pas des fourrages à sa disposition et en quantité suffisante, ou qu'il sera difficile ou impossible d'en profiter et dans tous les autres cas où l'on jugera que leur emploi offre plus d'avantage que les autres moyens dont on pourra disposer.

Certes, ces liquides peuvent être d'un grand secours et d'une immense efficacité dans une multitude de cas, même fort graves, autres que les feux de côtés : par exemple, pour humecter tous les points combustibles des maisons voisines d'une où le feu serait aux combles, si l'on était privé de fourrages mouillés, ou dans l'impossibilité de s'en procurer à temps utile? Pour humecter et mastiquer tout le pourtour intérieur d'une pièce au rez-de-chaussée ou à l'étage, lorsque le feu y serait, qu'il n'y aurait pas possibilité de les emplir de fourrages ou de s'en procurer sur le champ, cas qui pourrait arriver à la ville, rarement à la campagne. Ce liquide lancé par des pompes produira les plus heureux résultats dans les feux de greniers à fourrages, de combles et beaucoup d'autres; c'est aux pompiers intelligents et attentifs, qui sont sur le théâtre du feu, qu'il appartient de reconnaître et d'apprécier les cas où ils doivent en ordonner l'usage, suivant l'abondance, la proximité des substances et l'espèce d'incendie qu'ils ont à combattre.

XXX. FEUX DE CHEMINÉES EN PIERRE, MAÇONNERIE, PLATRE, TUF, BOIS, ETC.

Dès que l'on reconnaît l'existence d'un feu de cheminée, il faut s'empresser de fermer toutes les portes, toutes les fenêtres et tous autres courants d'air; prendre des fourrages mouillés et en boucher fortement le bas de l'orifice.

Si c'est dans une ville, s'assurer s'il existe

des ventouses, des tuyaux de cheminées voisines communiquants ou autres courants d'air se hâter de les fermer, avec des fourrages, aussi hermétiquement que possible.

Monter en même temps dans le haut, en suivant le tuyau d'étage en étage, pour s'assurer du lieu où existe le feu, afin de ne s'occuper à ramoner et mouiller la cheminée qu'à partir de l'étage immédiatement au dessous ; faire une botte de fourrages convenablement mouillés, du diamètre de l'orifice, la lier sur un ou deux points, c'est-à-dire au milieu ou près des deux extrémités, y fixer deux cordes simples ou bifurquées, une pour la tirer en bas et une pour la remonter dans le haut de l'orifice : cela terminé, lancer une corde aux travailleurs du bas, lesquels déboucheront la cheminée, saisiront la corde de la botte placée en haut et la tireront jusqu'en bas, sans néanmoins la sortir de l'orifice; après quoi, ceux placés dans le dessus la remonteront jusqu'en haut; avec ce va et vient, il est évident qu'on fera promptement tomber la suie et le feu. Puis, si l'on reconnaît que le feu est placé dans une petite excavation ou fortement collé, qu'il soit utile de le noyer, voici un moyen facile et infaillible que j'indique. Nul doute qu'après avoir descendu et monté la première botte, elle sera diminuée de volume, alors on en fera une deuxième un peu plus forte et un peu plus serrée que l'on descendra comme la première, mais qu'il faudra remonter lentement; et, une fois arrivée sur le point supposé du siége du feu, il faudra la monter plus lentement encore, et répandre continuellement de l'eau sur elle avec une passoire à jets multiples et étroits qui en donneront suffisamment en l'écartant régulièrement sur tout le vide et les parois de la cheminée, ainsi que sur toute l'étendue de la botte; par ce procédé très simple, très facile et à la portée de de tous, où que le feu soit fixé et si fortement qu'il soit collé, il sera promptement noyé.

Pendant tout le temps que durera l'opération qui précède, on fera déposer dans le bas de la cheminée, des vases pour recevoir l'eau qui en découlera et la suie qui en tombera, afin d'éviter, autant que faire se pourra, d'endommager les planchers du rez-de-chaussée, ainsi que les meubles qui y seront déposés.

Dans la campagne, les feux de cheminée sont beaucoup moins fréquents que dans les villes; mais en échange, ils y sont beaucoup plus dangereux et beaucoup plus difficiles à éteindre; les cheminées, celles en bois surtout, y sont ordinairement de quatre jusqu'à huit fois plus larges dans le bas que dans le haut; néanmoins, avec une échelle de huit à dix mètres de longueur et une perche de même dimension, au bout de laquelle on enmanche un ballet, un homme la nettoie généralement, du bas en haut, assez facilement. Si le feu n'est qu'à l'intérieur, n'importe sa position, le bas, le milieu ou le haut, on le noyera promptement, au moyen des systèmes suivants : dans le bas et le milieu, en fixant au bout de la perche, une bottte de fourrages bien mouillés qu'on portera directement sur le feu, puis une personne placée dans le haut de l'orifice répandra de l'eau avec un arrosoir à jardin, entre la botte et la paroi de la cheminée jusqu'à ce que le feu soit totalement noyé; opération qui ne sera pas de longue durée.

Si le feu est dans le dessus on le noyera avec autant de facilité et avec autant de célérité; une personne depuis le haut, appuyera la botte de fourrage contre le feu tandis qu'un autre mouillera en conformité des circonstances.

Les cheminées de la campagne étant d'ordinaire entourées de fourrages très secs, il faut se hâter d'aller à la grange ou aîre à battre, c'est là qu'est le plus grand danger et non à l'intérieur, pour s'assurer s'il sort de la fumée du côté de la cheminée où est le feu, même sur n'importe quel point du pourtour; si l'on en aperçoit, il faut répandre immédiatement de l'eau, en quantité suffisante, entre la cheminée et les fourrages qui l'entourent, continuer tant que l'on en reconnaîtra le besoin et n'abandonner le lieu que quand il n'existera plus trace de fumée ni ombre de danger.

Dans le cas où il n'y existerait point de fumée, il est encore indispensable d'humecter convenablement entre la cheminée et les fourrages qui l'entourent; il ne faut pas, pour éviter de mouiller quelques bottes de foin ou de paille, faciles à sécher sans perte sensible, s'exposer cupidement et inconsidérément, à brûler tout celui qui est engrangé, avec les objets mobiliers et la maison qui, pour comble de malheur, pourrait incendier les voisines et le village entier.

Ainsi, dans l'intérêt bien entendu du propriétaire, dans celui des voisins et pour la sécurité de tous, les pompiers bien pénétrés du devoir que leur impose leur haute mission; en arrivant sur un feu de cheminée en bois, doivent spécialement s'occuper de la partie extérieure et mouiller le plus activement possible, tous les fourrages situés sur le pourtour extérieur. Quatre hommes éteindront facilement le feu à l'intérieur, mais là n'est pas le fort du danger, c'est dans les fourrages extérieurement placés, car les parois de ces cheminées sont faits avec de simples planches en bois blanc, et le feu ne prend généralement que sur le bord d'une fente qui s'est faite au milieu d'une planche, par suite d'un grand desséchement, ou entre deux planches qui, pour le même motif se sont disjointes; c'est par ces fissures qu'il arrive promptement aux fourrages appuyés sur le côté opposé et donne naissance à un épouvantable incendie de grenier à fourrage, que l'on ne reconnaît souvent que trop tard, quand la fumée sort abondamment par dessous les couverts, que tout est en flamme; et cela, parce qu'aussitôt que le feu peut arriver dans le dessus des fourrages où il trouve un vaste courant d'air, il se répand sur toute la surface avec la promptitude de la foudre ; cheminée, fourrage et maison, le tout est, en un instant, réduit en cendres.

Le feu de cheminée qui, seul, a causé le sinistre, est resté inaperçu ; on n'a pu distinguer que celui du grenier ; partant, c'est là qu'on affirme qu'il a pris naissance ; on accuse une main criminelle de l'avoir déposé sur ce point, il est impossible qu'il en soit autrement, etc. Ce sinistre n'est cependant, en réalité, que le fruit de l'inqualifiable cupidité du propriétaire qui connaissait les réparations urgentes nécessitées par l'état déplorable de sa cheminée, et par la négligence inexcusable des autorités locales qui n'ont pas fait leurs visites dans les délais prescrits ou avec la religieuse attention qu'elles comportent.

Si la cheminée eût été interdite, comme elle aurait dû l'être, les propriétaires eussent fait faire sur le champ, les réparations reconnues nécessaires, indispensables, et il n'y aurait point de sinistre à déplorer, résultat de la cupidité et de l'incurie.

Les cheminées en pierre, maçonnerie, tuf, plâtre, etc., à la campagne, sont encore loin d'être uniformes ; le plus grand nombre sont beaucoup plus larges à la base qu'au sommet; plus de la moitié ont dans le bas de l'orifice, qui est à deux ou trois mètres au dessus de l'âtre du feu, de quatre à six fois le diamètre du haut ; dans celles de cette forme, il serait de toute impossibilité de se servir de la même botte de fourrage, comme dans les cheminées des villes, pour faire tomber la suie et le feu, en humectant et lavant les parois depuis la base au sommet. Il faudrait, suivant les circonstances et en conformité des diverses formes de constructions, employer les moyens que j'indique ci-après pour chaque cas particulier.

Si le feu est assez bas pour que l'on puisse l'atteindre à l'aide d'une échelle et d'une perche, au bout de laquelle on placera une botte de fourrage bien imbibée d'eau et de dimension suffisante à remplir un peu fortement l'orifice de la cheminée, sur le point où existe le feu, il faut y pousser la botte activement et lancer de l'eau continuellement dessus avec une passoire depuis le sommet, afin de le noyer et étouffer immédiatement.

S'il est plus élevé, les cheminées des campagnes n'étant, pour la plupart, que peu longues, on pourra presque toujours, à l'aide d'une perche à laquelle on fixera solidement une botte de fourrage que l'on poussera depuis le haut sur le feu, même plus bas et que l'on montera pour ramoner, faire tomber la suie et éteindre promptement le feu en le noyant ou l'étouffant comme dans les cas précédents.

Dans d'autres cas qui n'arriveront que très rarement, où il ne sera pas possible de porter immédiatement des fourrages sur le feu, soit par le bas, parce qu'il serait trop élevé pour être atteint, soit par le haut parce qu'il serait trop bas, alors on formera une botte de grosseur suffisante pour remplir convenablement le vide de la cheminée sur le point où sera son foyer, on y fixera les cordes pour la descendre et monter à volonté suivant les besoins, en ayant soin de mouiller utilement et à propos, comme il est indiqué pour les cas analogues qui précèdent.

Lorsqu'il y aura impossibilité de reconnaître le foyer du feu, on commencera par ramoner et laver le bas avec une botte d'un diamètre légèrement suffisant, on y fixera les cordes pour la monter et descendre, après quoi on la tirera aussi haut que possible; cette première partie bien ramonée et bien lavée, on prendra une deuxième botte de moindre dimension pour ramoner et laver plus haut, ainsi de suite jusqu'à la sommité.

Tous les pompiers et tous les hommes intelligents, comprendront facilement que les bottes de dimension graduées en proportion de la construction de la cheminée, devront être préparées, la deuxième pendant que l'on fera usage de la première, de manière à ce qu'au moment où l'on sortira celle-ci de l'orifice, il n'y ait qu'à décrocher les cordes et les accrocher à la deuxième, ainsi de suite.

Chacun comprendra aussi que, pendant le

temps qu'on changera les bottes, on devra, de toute nécessité, boucher une des extrémités de l'orifice, afin de ne jamais laisser s'établir de courant d'air sur le feu.

Toutes les fois que l'on aura tiré une botte de fourrage, aussi haut qu'il sera possible, sans pour cela la serrer au point de ne plus pouvoir la descendre, on jettera de l'eau dessus pour bien la mouiller et les parois du lieu sur lequel elle sera arrêtée, puis l'on continuera de répandre sur elle de l'eau avec une passoire pendant tout le temps qu'on la descendra, afin de mouiller convenablement les côtés internes de la cheminée depuis la base au sommet.

Le simple bon sens indique suffisamment que, si le feu était de force à brûler les cordes, lors même qu'elles seraient fortement imprégnées d'eau, il serait indispensable de les remplacer par des petites chaînes en fer, et au besoin quand le feu aurait acquis un grand développement et que l'on serait privé de chaînes, il faudrait boucher solidement la cheminée à sa base et depuis le sommet, joncher le vide jusqu'au dessus avec des fourrages extrêmement mouillés, en ayant soin de ne jamais jeter en bas des bottes ou paquets de grosseur suffisante à remplir le diamètre de l'orifice; il faudrait, au contraire, lancer des bottes ou paquets qui ne remplissent que moitié, tout au plus, du vide; par cette méthode, aussi commode qu'efficace, le feu sera noyé et étouffé aussitôt que la cheminée sera pleine de ces matières; mais si l'on poussait en bas seulement une botte qui bouchât hermétiquement l'air, les flammes et la fumée, à moins que les murs de la cheminée ne fussent d'une force et d'une solidité extraordinaires, ils éclateraient infailliblement sur plusieurs points, et le feu serait projeté de toutes parts dans les greniers à fourrages qu'il allumerait immédiatement; alors le remède serait bien pire que le mal.

Donc, il est très sage, même indispensable, de ne jeter dans le bas de la cheminée que de petites bottes ou petits paquets de fourrages, et il serait imprudent, même très dangereux, d'en pousser seulement un gros.

Les cheminées en pierre, maçonnerie, tuf, plâtre, etc., à la campagne, sont entourées de fourrages comme celles en bois; il est donc de toute indispensabilité de s'occuper de leur extérieur, de la manière indiquée et aussi activement que pour les autres.

Si l'on remarquait la plus légère trace de fumée à l'extérieur, mouiller immédiatement entre les parois de la cheminée et les fourrages qui sont déposés contre, puis se hâter aussitôt, de détourner les fourrages avec beaucoup de précaution ; dans cette hypothèse, il faut commencer par mouiller tout le pourtour du dessus des fourrages qui sont appuyés contre la cheminée, puis enlever un lit de ces mêmes fourrages, faire transporter les secs sur un point éloigné et faire déposer les mouillés sur un autre point rapproché ; mouiller de nouveau tout autour de la cheminée, enlever ensuite une deuxième couche de fourrage comme la première, ainsi de suite jusqu'au fond. Pendant toute cette opération qui exige beaucoup d'attention et de dextérité, il faut avoir près de soi de l'eau suffisamment, afin qu'au moment où l'on arrivera près du foyer du feu, on puisse le noyer et étouffer sur toute l'étendue qu'il occupera. Or, pour ne jamais être surpris, il faut que des hommes soulèvent les fourrages lentement et par petits volumes, et que d'autres soient à côté d'eux avec des seaux pleins d'eau à la main, afin que si le feu apparaît inopinément sur un point, ils soient en mesure de le noyer immédiatement et l'étouffer aussitôt apres, avec des fourrages mouillés.

Dans les villes, les feux de cheminées étant, sans contredit, les plus nombreux que l'on ait à combattre, les hommes spéciaux qui ont écrit sur cette importante matière, se sont clairement expliqués sur ce point ; mais aucun d'eux, que je sache du moins, n'a dit un mot concernant les feux de cheminées des campagnes. Ils indiquent une foule de moyens qui ont été signalés et proclamés bons, successivement acceptés comme tels, et généralement abandonnés peu après, comme étant incommodes et, dans certains cas, beaucoup plus dangereux qu'utiles.

Voici quelques-uns de ces moyens.

1° Tirer dans la cheminée, un coup de fusil ou de pistolet chargés avec de la poudre seulement, dans la seule vue d'ébranler l'air, faire tomber la suie et le feu presque immédiatement. C'est un procédé facile et qui paraît bon en lui même; mais l'expérience a démontré qu'il présente plusieurs dangers graves ; entre autres celui d'ébranler les cheminées, faire des lézardes ou fissures dans les parois par lesquelles les flammes pourraient facilement porter le feu dans les greniers.

2° Boucher hermétiquement les extrémités de l'orifice de la cheminée avec des éponges mouillées, pour priver le feu de tout contact avec l'air extérieur. Ce moyen est excellent par lui même; mais dans la pratique, il a été reconnu qu'il est souvent accompagné de conséquences funestes.

3° Jeter du soufre, en assez grande quantité sur des charbons ardents, placés à cet effet à l'âtre du feu. Ce système a eu des résultats satisfaisants et d'autres bien déplorables, au point que les hommes experts recommandent aujourd'hui, de n'en faire usage qu'avec beaucoup de précaution. D'où l'on doit conclure que les hommes qui n'ont pas les connaissances suffisantes pour se servir de cette méthode d'éteindre ces feux, agissent prudemment en s'abstenant d'en faire usage.

XXXI. FEUX DE COMBLE OU DE TOITURE.

Ils sont les plus terribles comme les plus désastreux de tous les feux de la campagne, comme aussi ils sont les plus rares; et, chose bien triste à dire, il est constant que ces sinistres ne sont jamais dus qu'à de lâches vengeances, de monstrueuses cruautés, ou de cupides et infâmes spéculations d'hommes, sans honneur et sans âme, qui assurent leurs meubles et immeubles au-dessus de leurs valeurs réelles, dans la seule vue d'y mettre le feu après, afin de réaliser le hideux bénéfice qu'ils s'étaient promis au préjudice des administrations d'assurance contre les incendies, leurs innocentes victimes.

Ces grands criminels savent qu'ils incendieront plusieurs maisons avec la leur, peut-être le village entier, réduiront une multitude d'honnêtes familles dans une misère effroyable; rien ne peut toucher ni attendrir ces cœurs cupides et pervers, ils ne connaissent que l'appât du gain, n'importe d'où il leur vienne. Quand ils ont reçu le montant de leurs primes d'assurance des administrations, ils se réjouissent, en secret, du bénéfice qu'ils ont lâchement escroqué par leurs infernales combinaisons de crimes, sans s'inquiéter, le moins du monde, des maux irréparables et inexpiables qu'ils ont sciemment préparés et exécutés de gaîté de cœur.

Or, toutes les fois qu'un feu prend naissance sur une toiture, il est par lui-même un témoin irréfragable, qu'il y a été déposé par des mains occultes et avec des intentions de la plus noire perfidie ; le doute, en pareille occurrence, n'est même pas permis. Les recherches les plus actives et les plus persévérantes doivent être immédiatement faites par la justice, sur les renseignements des autorités locales, afin d'atteindre les coupables et mettre un terme à ce fléau, le plus terrible de tous, qui, dans divers pays a malheureusement pris des développements très effrayants pour la société, spécialement dans les campagnes.

J'arrive aux moyens d'éteindre ces terribles

incendies. S'il n'existe pas de vent, ou très-peu, ce feu n'offre néanmoins, de danger sérieux que pour la maison allumée et pour les voisines qui seraient très rapprochées ; mais avec un peu d'habileté, de courage et d'énergie, il n'est pas très-difficile de sortir promptement victorieux de cette triste et déplorable position.

Il faut, tout à la fois, si le feu est naissant ou qu'il n'ait encore acquis que peu de force, lancer de l'eau et des matières dessus autant que possible, et par tous les moyens dont on peut disposer, pour le noyer, l'étouffer et l'empêcher d'étendre ses envahissements ; écarter et mouiller les fourrages déposés dans les greniers qui sont sous le feu, afin qu'en éteignant l'incendie qui existe sur les toitures, on sauvegarde, dans tous les cas probables, le bas de la maison de tout danger mouiller également les toitures et autres points exposés des maisons voisines, en ayant soin de continuer pendant tout le temps du péril.

Si le feu a déjà fait des progrès, qu'il ait acquis une grande force, et que l'on reconnaisse qu'il n'y a plus possibilité d'espérer de pouvoir sauver ni le haut, ni le bas de la maison enflammée, il faut s'occuper hâtivement à préserver les habitations voisines, afin de l'arrêter sur le point où il est, et l'empêcher d'étendre ses ravages.

Ces feux sont extrêmement dangereux dans les villages où les bâtiments sont couverts en bois ou en chaume, surtout lorsqu'il y a du vent ; s'il est fort, celles qui se trouvent rapprochées du foyer de l'incendie et en face du vent, lorsque les toitures ne sont chargées ni de neige, ni de gelée, ou fraîchement mouillées par la pluie, courent le plus grand péril, quand elles ne reçoivent de prompts et efficaces secours, les flammes ou les charbons ne tardent pas à les atteindre et à les enflammer, alors le danger augmente en proportion de la force du feu; les plus éloignées se trouvent par là même beaucoup plus exposées.

Par ces renseignements que le bon sens seul indique, les habitants des champs reconnaîtront facilement qu'ils doivent immédiatement, s'ils n'ont plus le temps nécessaire pour couvrir les maisons avec des fourrages, se hâter de placer cuves, cuviers, tonneaux, échelles et monter de l'eau aux faîtes pour mouiller activement et continuellement les toitures des maisons en commençant par les plus exposées; lesquelles devront constamment être suffisamment pourvues d'hommes et d'eau pour les sauvegarder de tous dangers.

Dans un cas bien extraordinaire, où les flammes d'une maison allumée seraient poussées par le vent jusque sur le couvert d'une maison voisine, il faudrait placer des fourrages sur le versant aussi imminemment exposé, en commençant toujours sur le point le plus en danger. Avec de l'audace et du courage, on arrivera presque toujours à établir graduellement une couche de ces matières ayant de vingt-cinq à trente centimètres d'épaisseur, sur tout le versant où les flammes seront même directement poussées par le vent. Alors des hommes habiles, vigoureux et dévoués, mouillant activement, resteront toujours les vainqueurs glorieux de cet épouvantable ennemi.

Si, par une fatalité très rare, l'intensité des

flammes forçait un moment les travailleurs à abandonner le versant sur lequel elles seraient dirigées par le vent, ils trouveraient un abri sûr et commode au dessus de l'autre versant, où en se couchant sur le côté, ils seront parfaitement abrités par le faîte ; là, les flammes passeront au dessus d'eux, et ne pourront, dans aucun cas, les atteindre ; faire apporter des seaux d'eau près d'eux et, à l'aide de casseroles ou autres vases analogues, continuer avec célérité, à lancer à force de bras, de l'eau en abondance sur tous les points du versant qui seront en danger.

Aussitôt que les flammes auront diminué leur fureur, ils se replaceront dans leurs premières positions. Ce système est indiqué pour le cas seulement où l'on serait privé du secours des pompes, ou que l'ayant, on les jugerait insuffisantes pour dompter seul le feu.

Pendant ce moment de grand péril, toutes les personnes dont on pourra disposer devront être occupées à lancer des matières et de l'eau sur le brâsier, par les enceintes des portes et fenêtres, pardessus les murs, afin de le noyer, étouffer ou le rendre promptement impuissant.

Dans le cas malheureux d'un grand vent, toutes les maisons qui ne seront situées qu'à quatre ou cinq-cents mètres, au devant et en face de l'incendie, seront, à peu de chose près, aussi exposées aux effets des charbons, les unes que les autres. Dans toute la partie du village ainsi placée, les habitations courent un grand danger, la plus éloignée peut être atteinte par les charbons aussitôt que la plus rapprochée, même avant, suivant la force du vent et la nature des matières en combustion; dans cette position périlleuse, il faut mouiller toutes les toitures, avec la plus grande célérité, toujours en commençant par les plus exposées, ainsi de suite jusqu'à la dernière et continuer cette opération jusqu'à cessation définitive du danger.

Les moyens qui précèdent sont indiqués pour se sauvegarder des risques des charbons seulement, mais il ne faut jamais oublier que, si les maisons qui sont rapprochées peuvent être atteintes par les flammes et qu'elles ne reçoivent de prompts et énergiques secours, elles seront inévitablement brûlées, qu'alors le danger augmentera, que les flammes acquerront bientôt une force indomptable et feront table rase de toutes les maisons du village, qu'elles trouveront sur leur passage.

Par la justesse de ce raisonnement qui se comprend en le lisant, les habitants de la campagne reconnaîtront, les pompiers surtout, que, sans négliger aucune des habitations exposées, ils doivent s'occuper de chacune proportionnellement à son danger. Or, les chefs des pompiers qui sauront distribuer leurs forces convenablement, suivant les circonstances et les besoins, en trouveront généralement pour suffire à tout et sauvegarder tout.

Pour les habitations qui ne sont exposées qu'aux charbons, une personne seule placée au faîte, munie d'un arrosoir et d'eau, garantira facilement une maison. Si l'eau est à proximité, il faudra une ou deux autres personnes tout au plus, pour lui en monter suffisamment; on devra donc s'occuper surtout à préserver celles qui seront les plus exposées aux flammes, et heureusement elles seront toujours peu nombreuses. Un grand point en pareille occurrence, c'est de savoir distribuer et diriger les secours en conformité des positions plus ou moins dangereuses de ces habitations.

Si l'on a des pompes, on devra, autant que faire se pourra, les placer à propos pour lancer l'eau à l'encontre des flammes, c'est-à-dire contre le vent; de cette manière, l'effet de les refouler servira aussi puissamment que celui de les noyer.

Si la maison enflammée est attenante à d'autres, par l'un ou les deux côtés, et que les murs de pignon qui les séparent, dépassent les toitures seulement de vingt-cinq à trente centimètres, le danger se présente beaucoup moins effrayant pour les voisines; cet exhaussement est un rempart qui donne un heureux laps de temps pour combattre le feu et sauver ces dernières. Dans ce cas, il faut couvrir les toitures des attenantes, des matières indiquées; enlever, par tous les moyens possibles, les bords de celle qui est en combustion, au besoin avec les fourches en fer enmanchées à des perches de longueur convenable pour les éloigner du bord; on fera bien aussi de se servir des rateaux en fer pour tirer en bas les couvertures et lattis, en se plaçant sur le bas du couvert à côté des échelles; par cette précaution, les hommes seront sans danger puisqu'ils pourront descendre à volonté; la couverture et les lattis étant soustraits au feu, le danger sera diminué d'autant; ces résultats satisfaisants obtenus, tourner les chevrons sur le côté, avec la clef à ce destinée, les glisser en bas pour les ravir aux flammes; alors le feu n'offrira plus ou peu de danger, les maisons voisines seront sauvées, ainsi que le village entier.

Mais dans les cas malheureux où les murs

de pignon ne dépasseraient pas les toitures, le danger se présenterait beaucoup plus grave. Si les couvertures et lattis sont contigus, il n'y a pas à hésiter, il faut les séparer et éloigner incontinent la partie placée sur la maison allumée. Il faut aussi que des hommes vigoureux et courageux se hâtent d'en tirer en bas tout ce qu'ils pourront, principalement sur les côtés; pour le surplus, employer les moyens indiqués pour combattre et éteindre les feux des maisons à pignons élevés.

Tous les lecteurs reconnaîtront aisément l'énorme différence du danger, qu'en cas d'incendie, présente un mur de pignon qui ne monte qu'à fleur des toitures, sur un qui a seulement vingt-cinq à trente centimètres d'élévation au dessus. C'est aux autorités locales qu'il importe et qu'il appartient d'obliger par une délibération bien motivée, les propriétaires de ceux qui ne sont qu'à fleur des toitures, à les exhausser de trente à quarante centimètres ; n'auraient-ils que vingt centimètres d'épaisseur, leur force serait suffisante, lors même qu'ils seraient en maçonnerie ordinaire ou en plâtre.

Pendant que l'on s'occupe à sauvegarder le dehors des maisons ainsi contiguës, il ne faut pas s'occuper moins activement de l'intérieur, en comblant de regains, foins, pailles, fumiers, ou autres matières analogues, convenablement mouillées, toutes les enceintes des portes, fenêtres, lucarnes, etc., qui communiquent d'une localité à l'autre ; continuer à les garder à vue et les humecter constamment jusqu'à complète cessation de l'incendie.

Lorsque les pompiers reconnaîtront qu'il y a impossibilité de pouvoir sauver les toitures des maisons contiguës à celle enflammée, ils ne devront pas attendre que les combles soient allumés, ils devront immédiatement s'occuper à tirer en bas, couvertures, lattis et chevrons, écarter et mouiller les fourrages situés dans les greniers, faire déposer, dans la grange, une provision suffisante d'eau, avec laquelle deux ou trois personnes, tout au plus, éteindront facilement le feu aussitôt qu'il sera tombé, attendu qu'il tombera sur des corps élastiques et déjà mouillés qui l'envelopperont et l'éteindront en grande partie, et que, sans le mouiller encore, il lui faudrait un certain laps de temps pour reprendre une vigueur capable de faire du mal.

Admettant un cas grave, mais qui n'arrivera que fort rarement, c'est celui où le feu serait aux combles des deux maisons de chaque côté de celle qui a pris feu la première. Dans un cas pareil, on les considère toujours, toutes trois, comme inévitablement perdues, au point que l'on ne s'en occupe même pas! C'est une erreur fort grave et fort dangereuse, qui n'est et ne peut être inspirée que par le manque d'intelligence et de connaissance pour combattre un incendie.

Elle est dangereuse, parce qu'en laissant augmenter le feu, les dangers augmentent dans la même proportion pour toutes les maisons qui l'entourent, de près ou de loin. Cependant je suis bien convaincu que, dans cette position effrayante par elle même, qui, à première vue, paraît désespérante, on peut encore sauver la presque totalité des deux maisons aux combles desquelles est le feu, à l'exception seulement des parties des toitures qui seraient enflammées au moment où l'on reconnaîtra le sinistre.

Je vais tâcher d'en démontrer la possibilité, aussi clairement qu'il est en mon pouvoir de le faire.

Les flammes et les fumées ne descendent jamais; elles montent toujours, c'est incontestable ; partant, le feu étant sur les toitures, il n'y aura ni flammes ni fumées, dans les greniers à fourrages ; on pourra donc y travailler en toute sécurité. Il faudra conséquemment et tout à la fois :

1° Entrer dans ces greniers pour écarter convenablement les fourrages sur tous les points.

2° Mouiller ces mêmes fourrages au fur et à mesure qu'on les écartera.

3° Placer au milieu de la grange ou aîre à battre, des cuves, cuviers, tonneaux ou autres vases et les emplir d'eau pour les besoins.

4° Monter, avec des rateaux et des fourches en fer, sur les échelles appuyées contre les toitures, pour tirer en bas tout ce que l'on pourra des couvertures et lattis; puis, aussitôt cette opération faite, tourner les chevrons sur le côté, et les tirer en bas.

Par cette combinaison de moyens, habilement dirigés et exécutés, les uns retireront au feu tous les objets qui peuvent l'alimenter, tandis que d'autres mouilleront les fourrages au dessous de lui; par ce procédé, les charbons incandescents qui tomberont, seront enveloppés par ces matières mouillées qui les noyeront ou étoufferont en partie, presque aussitôt; d'ailleurs, les personnes qui seront à la grange pour les surveiller, en se plaçant sur le côté des points sur lesquels les charbons tomberont, les noyeront facilement èt complétement, dès qu'ils seront tombés.

On comprendra aisément qu'aussitôt que

l'on aura séparé la partie de la toiture qui sera enflammée, de celle qui ne le sera pas encore, celle-ci n'aura plus rien à craindre de l'autre, qu'il sera facile de la tirer en bas et de la soustraire aux flammes, sans aucune espèce de crainte.

On comprendra aussi aisément que, les fourrages étant avantageusement écartés et bien mouillés, que des cuves, cuviers et tonneaux pleins d'eau, étant déposés au milieu de la grange, les personnes nécessaires (il en faudra peu) pour éteindre les charbons incandescents, qui tomberont des toitures, pourront y rester en toute confiance. D'une part, il ne pourra rien tomber sur elles qui puisse leur faire des blessures dangereuses ; d'autre part, avec un peu d'intelligence et d'attention; seulement avec ce gros bon sens des habitants des champs, si elles ont soin de toujours se tenir placées sur les points où il ne tombera rien, et où il ne pourra même rien tomber; elles ne seront pas plus exposées qu'au milieu des champs, tout en étant placées très avantageusement pour éteindre le feu, avec une grande facilité, au fur et à mesure qu'il tombera.

Il est évident, pour tout homme jouissant de ses facultés intellectuelles, qu'on ne doit pas s'occuper moins activement à noyer et étouffer le brasier de la maison du milieu, que de celui de ses deux voisines, le paralyser dans la première, c'est amoindrir les risques des dernières.

Par ces moyens, habilement combinés et énergiquement exécutés, en quelques minutes les deux maisons auxquelles j'ai supposé le feu aux toitures, seront à l'abri de tout danger et l'incendie sera, sur les trois, complètement étouffé.

Cette méthode doit être rigoureusement employée pour tous les sinistres de cette espèce et je soutiens, sans craindre d'être jamais contredit, qu'en attaquant habilement et carrément un feu de cette nature, comme il est indiqué ci-devant, en quelques minutes les pompiers auront toujours la glorieuse satisfaction de reconnaître leurs travaux pénibles couronnés du plus heureux succès.

XXXII. FEUX DE MAGASINS ET BOUTIQUES DE TOUTES ESPÈCES.

Lorsque le feu se déclare dans un magasin ou une boutique de n'importe quelles marchandises, on a la mauvaise habitude de courir chercher de l'eau pour l'éteindre, c'est le seul moyen que l'on connaisse. L'eau arrive souvent trop tard ou en quantité insuffisante ; et, les courants d'air qu'on a négligé de fermer ayant agi, en très peu de temps l'incendie est formidable ; tandis que, si l'on se hâtait de le comprimer et envelopper sur le champ, avec des laines, des étoffes tissées ou autres objets analogues que l'on aurait sous la main, aussitôt qu'on l'aperçoit, en appelant aux secours pour fermer les courants d'air et apporter de l'eau ; cet incendie qui prend souvent des proportions alarmantes et cause de grands dommages, serait instantanément étouffé, sans pertes appréciables.

S'il y a des fourrages dans la maison ou chez les voisins, il faut s'en procurer hâtivement pour le cas de besoin, surtout si le magasin ne contient point de laines, tissus ou autres marchandises avantageuses pour l'étouffer ou le noyer.

Si le feu est sur un rayon, le tirer en bas avec prudence, c'est-à-dire l'envelopper et le comprimer dans des laines ou tissus pour le descendre, et aussitôt qu'il sera sur le parquet, l'envelopper suffisamment, avec les matières dont on peut disposer, et le presser en tout sens pour l'étouffer complétement.

Dans un magasin de meubles, d'objets de quincaillerie en bois, etc., si le feu n'a encore atteint que peu d'objets combustibles, les jeter immédiatement à la rue, en les séparant l'un des autres ; là, ils s'éteindront seuls, ou, avec un peu d'eau, on en aura facilement raison.

XXXIII. FEUX DE HANGARDS ou DE BUCHERS.

Dans certaines localités des campagnes, ils sont construits tout en bois, dans d'autres les quatre faces sont en maçonnerie et les toitures en tuiles, laves ou ardoises ; il en existe une troisième espèce dont les façades sont aussi en maçonnerie, mais les couverts sont en bois ou en chaume ; partout, ces bâtiments sont peu élevés.

Dans l'intérêt de la société et pour la satisfaction de tous, je dois nécessairement faire connaître les trois moyens différents d'attaquer, combattre et étouffer le feu, dans ces trois différents genres de constructions.

Aussitôt que l'on aperçoit un feu de hangard, porter les vases, placer les échelles, apporter de l'eau et des fourrages, qu'on utilisera comme suit :

1° Pour ceux construits tout en bois, joncher tout le pourtour et le dessus, de fourrages qu'on mouillera aussitôt, afin d'empêcher l'air de pénétrer sur aucun point et l'étouffer comme dans un four.

2° Pour ceux dont l'extérieur est construit en matières incombustibles, commencer par charger le dessus de fourrages qu'on mouillera bien, pour fermer à l'air les passages multiples qui sont entre les ardoises, les laves où les tuiles des toitures, et entre celles-ci et les murs qui les supportent, afin de l'étouffer comme sous une cuve.

3. Enfin, pour ceux dont les façades sont en maçonnerie et les couverts en bois ou en chaume. Employer, en tous points les moyens indiqués dans le paragraphe qui précède.

Si, dans l'un ou l'autre de ces bâtiments, il existait un fort brasier à l'intérieur et beaucoup de matières inflammables propres à l'alimenter assez fortement pour le rendre dangereux ; il faut nécessairement le noyer, en employant les moyens indiqués pour les feux de greniers à fourrages.

S'il y a lieu de craindre que les flammes traversent les toitures, avant qu'on ait pu les couvrir de matières, qu'elles portent des charbons sur les toitures voisines, il faut prendre les précautions indiquées en pareils cas pour les feux des combles.

Dans la supposition où les flammes traverseraient les couverts, avant que l'on ait pu les couvrir de fourrages mouillés, il faut encore employer les moyens conseillés pour les feux de combles ou toitures.

XXXIV. FEUX DE MEULES DE BLÉ, DE FOIN, DE PAILLE, ETC.

Chacun comprendra sans peine, que de tous les feux, ceux des meules de blé, de foin, de paille etc., sont par leur nature et les procédés développés ci-dessus, les moins difficiles à éteindre de tous; je vais le démontrer en enseignant la manière de les étouffer promptement.

Ces meules sont toujours peu élevées, de sept à huit mètres, tout au plus ; or, tous les cultivateurs ont des échelles de cette grandeur et au dessus ; aussitôt qu'un feu de ce genre se déclarera, il suffira aux habitants d'accourir pour l'éteindre, munis de fourches, d'échelles et des vases nécessaires. Là, les fourrages ne leur manqueront pas, il les tremperont dans l'eau qui sera à leur proximité.

Une fois les fourrages mouillés, on en couvrira tout le pourtour des meules peu élevées à l'aide des fourches, et pour envelopper les plus hautes, on fera usage des échelles pour les monter dans le dessus. Cette opération ne sera ni longue ni difficile à exécuter, et je demande aux hommes experts et éclairés, si après, il restera ombre de danger?

Supposant qu'une meule soit au quart, au tiers, même à moitié brûlée, en la chargeant de ces matières, l'incendie ne sera-t-il pas presque immédiatement étouffé? Les eaux contenues dans les fourrages, formeront incontestablement un arrosoir continuel sur toute l'étendue du feu qui, par ce moyen, sera promptement et sûrement noyé.

Lorsqu'il fait du vent, il faut mouiller les meules exposées aux flammes, en commençant par le côté le plus en danger, c'est-à-dire d'où vient le vent et sur lequel les flammes sont poussées.

Je me plais à croire, que les propriétaires des meules de blé ou de fourrages, après avoir lu ce chapitre, seront rassurés sur le sort à venir de leurs meules, du moins en ce qui concerne le feu.

XXXV. GRANDS INCENDIES.

Les plus grands incendies du monde étaient tous très petits à leurs débuts, c'est incontestable.

Ils ne sont devenus considérables que faute de secours ou par suite de la mauvaise direction qu'on leur à donnée, ce n'est pas moins incontestable ; et tous ceux dont les secours seront inhabilement dirigés, deviendront, pour la plupart, également considérables, c'est de toute évidence.

Or, les moyens à employer pour dompter un grand incendie, dérivent nécessairement de ceux que je viens d'indiquer pour chaque espèce d'incendie et pour chaque cas particulier. C'est dans ces renseignements que devront puiser les moyens à employer, ceux qui seront appelés à diriger les travailleurs, suivant les circonstances.

Pour combattre avantageusement un incendie qu'on a gauchement laissé devenir considérable, ce n'est pas chose facile ; il faut des forces et des munitions en proportion des besoins, lesquelles on rencontre souvent dans les villes, mais très rarement à la campagne.

Dans les grandes villes surtout, il y a communément des troupes et des sapeurs-pompiers, avec un matériel soigneusement organisé; les troupes et les pompiers, sont des hommes aguerris et disciplinés, qui exécutent ponctuellement et à l'instant même, les ordres que leurs chefs, éminemment habiles, leur transmettent. Avec de pareils secours on obtient toujours des résultats satisfaisants, qu'il n'est pas possible d'espérer à la campagne, avec les faibles ressources dont on peut disposer.

Après de sérieuses et longues études sur ces grands désastres, voici les moyens que j'indique pour les arrêter, soit à la ville soit à la campagne.

Dans les villes, on a pour principe invariable, quand le feu prend des proportions alarmantes, de faire ce qu'on appelle la par du feu, qui consiste à démolir les maisons situées devant les flammes, sur une étendue proportionnée à la situation des lieux, la construction des bâtiments, l'intensité du feu les matières en combustion, la force du vent, etc.

Qu'il me soit permis de proposer ici un système d'opération, que je crois beaucoup plus expéditif et beaucoup moins dispendieux.

Au lieu de démolir les maisons, pour faire ce que les praticiens appellent la part du feu, il faut enlever les portes, les fenêtres, les volets, les persiennes et toutes autres matières combustibles placées sur la façade exposée au feu, pour soustraire à ses ravages précipités, ces objets qui ne peuvent servir qn'à l'alimenter ; emplir de fourrages bien mouillés les enceintes des portes, fenêtres, lucarnes, etc., des maisons en péril, en commençant par le haut et par l'endroit le plus exposé ; placer des hommes derrière avec de l'eau pour les arroser continuellement et surveiller leur solidité ; et, si l'on en reconnaît la nécessité, emplir des mêmes matières toutes les pièces du côté menacé par le feu.

On trouvera des fourrages, au delà du nécessaire, dans les magasins civils et militaires, dans les auberges et chez les bourgeois qui tiennent des chevaux ou autres animaux.

Je livre avec bonheur ces renseignements à l'appréciation loyale et éclairée de la société toute entière, qui reconnaîtra, je me p'ais à l'espérer du moins, que les moyens que j'indique pour une opération de ce genre, habilement dirigés et fermement exécutés, produiront infailliblement des résultats beaucoup plus prompts, beaucoup plus satisfaisants et beaucoup moins dispendieux qu'en démolissant pour faire la part du feu.

En effet, une maison dont l'extérieur est composé de matières incombustibles, quand les embrasures des portes, fenêtres, lucarnes, etc, de la façade seulement qui fait face au feu, sont pleins de fourrages mouillés ; cette maison, dis-je, est, contre les flammes et les charbons incandescents, un rempart inexpugnable.

J'ai démontré péremptoirement que, dans les campagnes, les grands incendies ne peuvent être combattus avantageusement, avec les faibles secours que les habitants ont à leur disposition, mais j'ai démontré aussi, qu'avec les moyens détaillés dans cet opuscule, de l'intelligence, de l'ensemble et de l'énergie pour les exécuter, il n'est plus possible qu'il y arrive de grands sinistres. En effet, un grand feu, à la campagne surtout, n'est que le fruit de la peur qui, elle-même n'est que celui de l'ignorance d'attaquer et détruire un incendie dès son origine; conséquemment, il suffira d'éclairer les habitants sur la manière de détruire les feux. Ainsi que je le recommande très instamment, et en employant les moyens que j'indique, il sera extrêmement rare qu'ils laissent sortir un incendie de son foyer primitif.

Une dernière observation. — Un grand sinistre, à la campagne, n'a jamais lieu que par un feu de combles et lorsque le vent est fort ou que les secours sont mal dirigés ; à l'aide des matières et procédés indiqués pour détruire cette terrible espèce d'incendie, des pompiers habiles dompteront victorieusement ces feux. Ainsi, pour les grands incendies, on doit se conformer en tous points, à ce qui est prescrit pour les feux de combles ou toitures.

XXXVI. PRÉCAUTIONS INDISPENSABLES A OBSERVER APRÈS QUE LE FEU NE PARAIT PLUS DANGEREUX ; QU'ON LE JUGE COMME PARALYSÉ.

Rien n'est trompeur comme le feu, souvent, à la campagne surtout, tout annonce qu'il n'y a plus de danger, à peine voit-on çà et là quelques traces de fumée, impossible de remarquer sur aucun point, du feu qui soit dangereux, ni qui paraisse le devenir nulle part; on suppose alors qu'il est éteint partout ; une ou deux personnes le disent, les autres le répètent à l'unisson, on le croit ; cette idée admise par tous, on abandonne le foyer dans la pensée qu'il s'éteindra de lui-même. Erreur éminemment dangereuse qui a souvent produit les conséquences les plus désastreuses

Voici ce qui arrive dans la plupart des cas : les planches en bois dont sont composés les planchers et les boiseries, des chambres, sont promptement brûlées en partie sur un point ou sur un autre ; alors ils tombent et s'entassent les uns sur les autres au milieu de la pièce où ils forment un brasier alimenté par les parties de ces planches et du gros bois non consumés et qui peuvent rester longtemps avant que de l'être. Les murs tombent ou les travailleurs les poussent sur le brasier à l'intérieur, dans la double pensée d'étouffer le feu, et dans la crainte d'en être écrasés, en les laissant tomber en dehors, ce qui multiplierait les malheurs et les aggraverait d'une manière beaucoup plus déplorable.

Le brasier ainsi resserré sous les décombres, ne donne presque plus signe de vie, les matières qui sont précipitamment tombées sur lui l'ont en quelque sorte étouffé en comprimant l'air, les flammes, la fumée et en le chargeant de poussière ; mais la poussière cesse d'être agitée, les matières se dégagent, les petits courants d'air qui se sont trouvés instantanément obstrués, par la pression de la poussière, se dégagent aussi peu à peu ; le vent vient ensuite enlever partiellement la poussière, élargir progressivement les soupiraux qui alimentent et fortifient le feu, alors les flammes se raniment, sortent de leur léthargie momentanée, et le vent les porte avec des charbons incandescents sur les maisons voisines. Dans un moment de demi-joie, où les habitants se réjouissent d'avoir échappé victorieusement à un incendie qui pouvait devenir général, ils voient que, par leur manque de prévoyance, un deuxième incendie se déclare beaucoup plus menaçant que le premier. En un instant le feu est aux combles de plusieurs maisons, on appelle le secours des pompes, il n'y en a pas pour tous, quelquefois même il n'y en a pas du tout ; on regarde le feu augmenter sa force avec une rapidité foudroyante, alors la désolation est dans tous les cœurs, une partie ou le village entier devient, en très peu de temps, la proie des flammes. Pendant ce temps, personne ne pense à monter sur le toit avec de l'eau pour le noyer : parce que personne ne connaît de machine à l'aide de laquelle elle pourrait le dompter ; tandis que si, sur le champ, un homme montait sur chaque couvert, avec un arrosoir à jardin plein d'eau pour noyer le feu naissant, pendant qu'on lui en monterait d'autres pour mouiller la toiture et pour continuer à l'humecter durant tout le temps du danger, il est évident pour tout le monde, que tous les feux naissants, seraient incessamment paralysés. et qu'il n'y aurait jamais de perte bien sensible à regretter.

Je reviens aux moyens faciles d'éviter ces doubles et affreux embrasements. Il suffit, aussitôt qu'une maison est tombée et que le feu paraît ne plus présenter de danger sérieux (au lieu d'aller boire un coup, comme disent les gens de la campagne), de garnir le pourtour du sinistre de vases pleins d'eau et de charger les pompes, s'il y en a, de détourner les décombres et d'éloigner séparément toutes les matières combustibles. Durant cette opération, quand les travailleurs remarqueront de la fumée ou de la chaleur sur un point, répandre immédiatement de l'eau en abondance sur toute son étendue, soit avec la pompe, soit avec des seaux, et ne quitter le lieu du sinistre qu'après être bien assuré qu'il n'existe plus de danger.

Alors, mais seulement alors, les habitants agiront convenablement et rempliront un devoir, en conduisant boire un coup, leurs généreux voisins qui auront daigné venir les secourir dans un moment si critique. Mais plusieurs pompiers et plusieurs travailleurs de la localité devront encore rester, pour garder à vue, jours et nuits, le foyer de l'incendie, pendant un temps moralement suffisant pour que toute espèce de danger soit complétement disparue.

Intéressants habitants des champs, n'oubliez jamais que la charpente et tous les autres bois qui composent vos maisons: ne se consument pas en un moment, qu'ils peuvent entretenir un grand brasier assez longtemps qui, souvent, peut paraître anéanti sans l'être réellement En conséquence vous devez toujours vous tenir en garde contre ses apparences trompeuses.

Avec ces précautions faciles, enseignées déjà par le bon sens et la raison, on ne verra plus apparaître, dans la même localité, sur le même lieu, ces doubles désastres en un jour dont le deuxième est généralement beaucoup plus terrible et beaucoup plus calamiteux que le premier; et cela, pour avoir inconsidérément négligé des mesures de sécurité, qui se commandent impérieusement d'elles-mêmes.

OBSERVATION GÉNÉRALE SUR LES INCENDIES

Tant que dure un feu, la chaîne pour transmettre l'eau sur tous les points, ne doit jamais et sous aucun prétexte, être rompue ; c'est la force motrice des secours.

Dans tous les cas possibles, il est inutile de placer des fourrages sur les maisons qui ne peuvent être atteintes par les flammes, il suffira toujours de les mouiller pour les garantir sûrement contre les charbons qui pourraient arriver sur elles. Opération qui nécessitera cinq à six minutes, tout au plus. Sauf à continuer pendant le danger.

Dans tous les feux, il faut lancer l'eau sur le foyer et sur les charbons pour les noyer, et non sur les flammes, qui la divisent et l'absorbent.

Toutes les fois que l'on garnit de fourrages l'embrasure d'une porte, d'une fenêtre, etc., il faut incliner ces matières pour qu'elles portent l'eau du côté où est le feu ; ce moyen produira toujours d'heureux résultats. Pour cela, il suffit, lorsque l'on place les premières couches de fourrages, d'en placer en travers sur le bord que l'on veut élever pour la faire déverser sur le côté opposé.

Tant que les flammes ne sortent pas des habitations, les fourrages doivent être portés, à l'état sec, sur tous les points, mais dès qu'elles sortent et que l'on doit passer près d'elles, il faut les humecter avant que de les sortir pour les exposer, soit aux flammes, soit aux charbons incandescens.

Lorsque les toitures sont très inclinées, qu'il est impossible à l'homme de marcher librement le long du faîte de la maison ; il faut autant d'hommes et d'arrosoirs que d'échelles, attendu qu'arrivés au sommet ils ne peuvent se transporter sur les côtés.

Lorsque les maisons construites et couvertes en pierre, peuvent être atteintes par les flammes, elles doivent être couvertes de fourrages mouillés, attendu que les flammes peuvent aisément passer entre les laves, tuiles ou ardoises, et allumer les bois à l'intérieur.

On doit aussi garnir les enceintes des portes, des fenêtres et de toutes autres ouvertures ou courants d'air, etc.

RÉSUMÉ.

Il est incontestable qu'un corps quelconque ne peut s'enflammer qu'autant qu'il est mis en contact immédiat avec l'air et que si on le prive de cet élément, il s'éteint aussitôt. Pour éteindre le foyer d'un incendie, on doit donc le priver d'air. On obtiendra ce résultat si désiré en le couvrant avec des fourrages mouillés, ce qui est très facile, à la campagne surtout,

Un incendie doit toujours être concentré sur tous les points à la fois, afin d'arrêter instantanément ses envahissements et l'étouffer subitement, lorsque les travailleurs s'occupent à comprimer un feu selon les moyens prescrits dans cet ouvrage, ils sont en sécurité, n'étant exposés ni aux flammes ni à la fumée, ce qui est pour eux, un avantage inappréciable.

Nul ne peut contester que les feux les plus grands et les plus désastreux, étaient tous très petits à leur naissance : Cela établi, nous sommes forcés de reconnaître que, pour qu'on les ait laissés grandir, il a fallu que les secours soient insuffisants ou mal dirigés.

En joignant les moyens connus et usités jusqu'ici à ceux que je signale, on triplera les forces de tous genres; en éclairant le peuple sur le mode de leur emploi, on aura partout des secours suffisants et des hommes habiles à les diriger ; de cette manière un grand désastre ne sera plus possible. Les hommes connaissant les moyens pour les détruire, munis des machines nécessaires, les attaqueront résolument à leur naissance et les annihileront avant qu'ils aient pu devenir formidables.

De tous les feux, à la campagne, ceux de combles sont les plus dangereux; lorsqu'il fait du vent, ils sont toujours le commencement d'un embrasement général. Pour l'éviter j'ai enseigné des moyens certains de le paralyser sur le champ : ces sinistres sont rares, car ils ne sont et ne peuvent être que le fruit de la malveillance; pour les rendre plus rares encore, il faut :

1° Établir des patrouilles de nuit dans toutes les communes où l'on soupçonne des incendiaires et au besoin éclairer les rues;

2° Placer les échelles tous les soirs, ainsi que les cuves, cuviers et autres vases, puis les garnir d'eau;

3° Enfin, se tenir constamment prêt à attaquer cet élément aussitôt qu'il apparaîtra.

Il est bien connu que la généralité des incendies, ne sont que le fruit de l'imprudence, de la négligence ou de l'inexpérience; c'est aux autorités locales qu'il appartient d'y mettre un terme, en éclairant leurs administrés sur ce point intéressant, par des réglements consciencieusement étudiés, sagement motivés et fidèlement exécutés.

Quand arrive un incendie dans un village, les habitants courent chez eux faire leurs paquets, parce qu'ils ne connaissent aucun moyen et ne sont pourvus d'aucune machine avantageuse pour l'arrêter; mais quand les renseignements ci-dessus auront été publiés, qu'ils les connaîtront, au lieu de faire les paquets ils courront tous sur le lieu du sinistre et le détruiront sans désemparer.

En effet, ils sauront que, par les moyens précités et à l'aide des machines indiquées, dont ils seront toujours abondamment pourvus ils pourront infailliblement l'anéantir dans son foyer sans beaucoup de difficultés et ils n'y manqueront jamais.

La grande généralité des incendies prennent leurs sources dans les cheminées, c'est incontestable. Conséquemment, les autorités locales ne peuvent surveiller avec trop de soin à ce qu'elles soient constamment entretenues en bon état de réparation de toutes espèces.

Il est notoire que très peu de communes sont dans la possibilité financière de se pourvoir d'une pompe à incendie avec ses agrès et de subvenir aux frais de leur entretien: non seulement les communes, mais tous les propriétaires de bâtiment pourront aisément se procurer toutes les machines nécessaires que je désigne pour l'extinction des feux.

En effet, combien coûteront toutes les machines nécessaires?

1° Seaux à incendie, tout le monde en a.

. . . . » » — » »

2° Cuves, cuviers et tonneaux; la grande généralité des personnes en ont. » » — » »

3° Echelles }
4° Escabeaux } tous peuvent aisément les confectionner. . . . . » » — » »

5° Arrosoirs à jardin, un par maison prix . . . . de 2 à 3 f

6° Rateaux, et fourches en fer un par maison — prix. . . . . de 2 à 3 f

7° Clefs en fer, pour tourner les chevrons, de 6 à 10 par commune, au prix de 3 à 4 f chacune, soit par commune. . .—de 20 à 40 f

Tout propriétaire aura donc la faculté d'avoir à sa disposition un matériel complet, avec lequel il pourra seul, aidé des siens, sauvegarder sa maison dans tous les cas d'incendie chez ses voisins, moyennant la modique somme de quatre à six francs, et cela, pour sa vie et celle de ses enfants. Je demande, à tout homme sensé, s'il en est un seul, ayant le sentiment de ses intérêts et de sa tranquillité, qui ne s'empresse de se les procurer?

8°. Enfin, les réservoirs d'eau, devant être faits en commun, ne nécessiteront qu'une contribution bien légère, en proportion surtout des services qu'ils rendront.

Qu'il me soit permis de faire connaître en terminant, qu'en éclairant la société sur les matières les plus efficaces pour l'extinction des feux de toutes espèces et sur les moyens les plus avantageux d'en faire usage; l'habitant des champs ayant son matériel chez lui et les personnes nécessaires à son emploi, se garantira toujours facilement et sûrement du feu de ses voisins; il lui suffira seulement de surveiller attentivement qu'un incendie ne se déclare chez lui, pour être constamment sans inquiétude comme sans danger, contre ce terrible fléau. Admettant qu'il soit impossible de faire disparaître totalement les incendies, du moins on en diminuera évidemment le nombre et on atténuera considérablement les ravages de ceux qui auront lieu; résultat aussi satisfaisant qu'il est permis de l'espérer.

Heureux si ces renseignements méritent l'approbation des honnêtes gens.

BIBLIOTHÈQUE NATIONALE R.F. IMPRIMÉS.

FIN

TABLE DES MATIÈRES.

FIN DE LA TABLE.

APPENDICE.

PREMIER INCENDIE AUQUEL J'AI ASSISTÉ.

Le lecteur apprendra avec intérêt et fruit, les phases d'un sinistre que je vais lui retracer. Voici les faits :

J'étais au village de Labergement (Doubs), lorsque, dans le courant de l'été 1825 ou 1826, le tocsin annonça le feu : un instant après nous étions 12 à 15 personnes près de la maison enflammée ; nous reconnûmes que le feu avait pris au bas d'un fagot de bois appuyé contre la cheminée aussi en bois et dont le pied avait été inconsidérément placé trop près de l'âtre. La maison était fermée, les propriétaires absents. En ce moment, le feu n'était encore qu'au bas de la cheminée; les flammes la traversèrent et montèrent à la toiture en 18 ou 20 minutes. Nous aurions pu casser un carreau, ouvrir la fenêtre, entrer avec des seaux d'eau et noyer le feu assez promptement (la rivière coulait à côté de nous) : nul n'y pensa! Nous étions tous regardant augmenter le feu et les dangers, en attendant la pompe, comme de grands enfants! La pompe tant désirée et appelée arriva au moment que le feu commençait à traverser la toiture ; pendant qu'on la plaça, qu'on l'organisa, le vent porta des charbons sur les maisons voisines et les alluma (le temps était sec et le vent fort) ; plusieurs toitures flambaient avant que la pompe ne fût en train de fonctionner, elle ne joua même pas, on la transporta plus loin pour mouiller les maisons qui n'étaient pas encore allumées Quand on y arriva, le feu flambait sur plus de dix : et 15 à 20 minutes après, toutes celles qui se trouvaient en face du vent et du feu étaient en flammes : toute cette partie du village fut totalement détruite.

Depuis le moment où le tocsin annonça le feu à celui où les flammes traversèrent la toiture, il s'écoula un espace d'au moins 20 minutes. Or, je demande à tous les hommes sensés :

1° Si chaque propriétaire avait eu seulement deux échelles et un arrosoir, s'il n'avait pas eu le temps de mouiller deux ou trois fois sa maison, avant la sortie des charbons ! Et en continuant, se sauvegarder facilement et sûrement du sinistre ?

2° Si nous eussions immédiatement chargé la maison où était le feu, de fourrages mouillés pendant que d'autres l'auraient noyé à sa base, nous n'aurions pas facilement étouffé et noyé l'incendie dans son foyer?

Dans l'un comme dans l'autre cas, à l'exception de la première maison, le village entier eût été complétement sauvé, tandis qu'il fut totalement perdu.

C'est depuis cet incendie si lugubre, si funeste et si calamiteux pour les bons habitants de Labergement, que je me suis occupé à chercher avec activité et persévérance, les moyens d'arrêter les ravages de ce terrible fléau.

DERNIER INCENDIE AUQUEL J'AI ASSISTÉ.

Le 26 février 1851, j'étais à Guyans-Durnes (Doubs), lorsqu'à sept heures du matin le tocsin annonça que le feu était dans les vastes greniers à fourrages de Célestin Senez. Sa maison était située à l'extrémité nord du village, le vent qui soufflait alors était fort et venait du sud-sud-est. Arrivé sur le théâtre du sinistre nous reconnûmes que tou le grenier était en flammes, qu'il était impossible de sauver la maison, que nous devions nous borner à sauver les voisines et arrêter les envahissements du feu.

Nous organisâmes immédiatement des secours convenables pour défendre la maison Gauthier et Chabod, bâtie et couverte en bois placée devant les flammes et en face du vent; séparée de celle allumée par la voie publique seulement. Cette maison très exposée, étant mise à l'abri de tout danger, nous nous portâmes hâtivement dans celle située au sud du feu et distancée de celle-ci de deux mètres tout au plus. Pour surcroît de fatalité le toit était en bois et, à partir de deux mètres de la base au sommet, la façade qui touchait presque les flammes, était en lambrissage en très mauvais état, plusieurs lambris étaient tombés et laissaient de larges ouvertures, d'où sortaient des volumes considérables de 15 à 20 voitures de paille appuyées contre.

En voyant ces matières, si inflammables de leur nature, situées presques sur les flammes on était irrésistiblement saisi d'épouvante, d'autant plus que si le feu eût pénétré dans cette maison, le village entier aurait couru les plus grands périls.

Après avoir distribué les secours à l'intérieur de cette deuxième maison, nous sortîmes pour considérer de nouveau l'intensité du feu au dehors. En ce moment, la grande chaleur des flammes faisait fumer fortement les lambris et la paille, les personnes qui s'en étaient aperçues tremblaient de frayeur et affirmaient que, lambrissage, paille, toiture, tout allait s'enflammer. Nous les rassurâmes en leur montrant que, n'ayant pu établir les secours à l'extérieur, nous avions placé sur les fourrages à l'intérieur, des hommes qui avaient répandu de l'eau en abondance entre les fourrages et le lambrissage, qu'ils continuaient et continueraient d'en répandre tant que besoin serait; que, si intense que fût le feu, il n'allumerait jamais ces matières chargées d'eau; qu'en ce moment nous répondions que rien ne brûlerait dans le village, si ce n'est la maison où était le feu dont la fureur commençait à se calmer. Peu de temps après, les généreux habitants des communes circonvoisines arrivèrent avec leurs pompes, l'attaquèrent avec leur ardeur habituelle et le noyèrent aussitôt.

Nous étions dénués de tout matériel à incendie autres que des seaux, si ces faibles secours n'eussent pas été habilement dirigés et énergiquement exécutés, très probablement e village entier eût été embrasé, tandis que nous n'eûmes à regretter que la perte de la maison où le feu avait pris naissance.

FIN DE L'APPENDICE.

PARIS.—Imp. de Maquet, 90, rue de la Harpe.

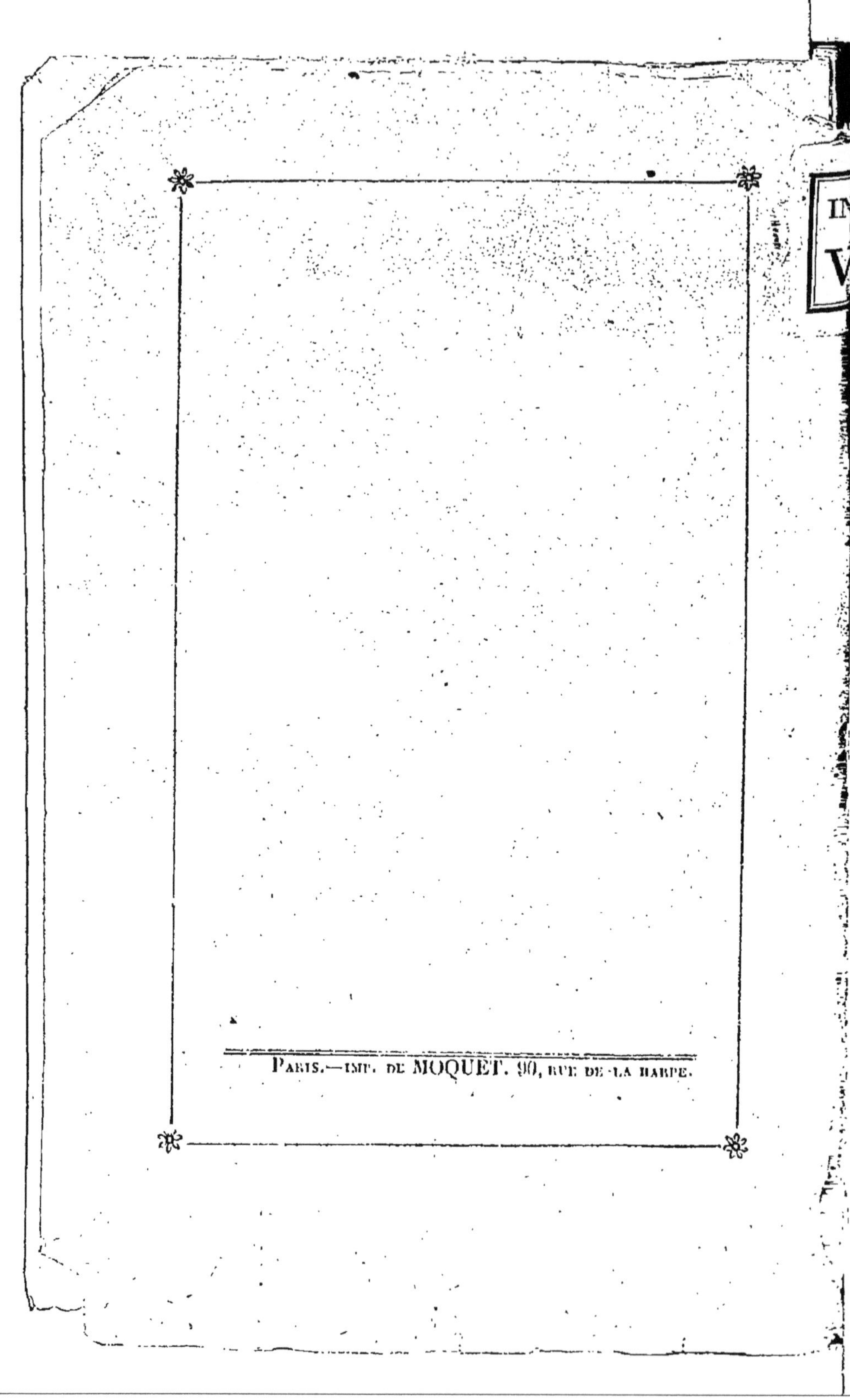

PARIS.—IMP. DE MOQUET. 90, RUE DE LA HARPE.

www.ingramcontent.com/pod-product-compliance
Ingram Content Group UK Ltd.
Pitfield, Milton Keynes, MK11 3LW, UK
UKHW020549180726
13838UKWH00001B/139